SCL

Reihe Philosophische Sphären
Kunsthistorische Schriften

Richard Hörner

Leonardo da Vinci

Die drei theoretischen anatomischen Programme 1491, 1509, 1510/11

Reihe Philosophische Sphären
Kunsthistorische Schriften

Bibliographische Information Der Deutschen Bibliothek
Die Deutsche Bibliothek verzeichnet diese Publikation in der
Deutschen Nationalbibliografie;
Detaillierte bibliografische Daten sind im Internet über
http://dnd.ddb.de abrufbar

Verlag: SCL Scriptline Publishers, Wörth am Rhein
Weitere Informationen zum Verlag: http://www.scriptline.de

Satz: ScriptlineArts
Umschlag: ScriptlineArts
Bild: Leonardo da Vinci, Studies of Embryos
(Royal Library, Windsor Castle), entnommen aus:
WikimediaCommons
Druck und Herstellung: ScriptlinePress
Printed in Germany
Erste Auflage 2012
ISBN 978-3-938846-24-7

Das Fräulein stand am Meere
Und seufzte lang und bang,
Es rührte sie so sehre
Der Sonnenuntergang.

(Heinrich Heine)

Inhaltsübersicht

1. Einleitende Bemerkungen

Der am 15.April 1452 als uneheliches Kind des Florentiner Notars *Ser Piero di Antonio* in *Vinci* bei Florenz geborene Leonardo[1] interessierte sich bereits während seiner Ausbildungszeit in der Werkstatt des Malers und Bildhauers *Andrea del Verrocchio*[2] ab etwa 1469 für den Bereich der Anatomie. Während der Beschäftigung mit den Arbeiten griechischer Philosophen, „die im Laufe des 15- und 16. Jahrhunderts in Italien neu übertragen und kommentiert"[3] wurden, begannen sich deren Gedanken mit seinen eigenen Vorstellungen von der Natur zu verweben und endeten für ihn in der Erkenntnis, dass die Erforschung der Natur im Menschen seinen Ursprung finden müsse[4]:

Da es nach damaliger Vorstellung eine Entsprechung zwischen Makro- und Mikrokosmos geben solle, trage der Mensch als „Abbild des Schöpfers die Ordnungsgeheimnisse in sich", durch die Gott die Welt formiert habe.[5] Daher faszinierte Leonardo die Anatomie und „Mathematik, Physik und Mechanik" spielten in diesem Sinne als „Wissenschaften, in denen die Grundgesetze jedweder Lebenserscheinung formelhaft verdichtet zusammengefasst" würden, eine tragende Rolle bei der Beschäftigung mit dem Aufbau des menschlichen Körpers.[6] Wobei die „Anatomie [...] als Lehre von dem mit

---

[1] Wetzel, Christoph. *Das Reclam Buch der Kunst.* Mit 359 ein- und mehrfarbigen Abbildungen. Stuttgart: Phillip Reclam jun., 2001, S.249, rechte Spalte; auch: Zöllner, F. Leonardo da Vinci. 1452-1519. Köln: Taschen, 1999

[2] vgl. Zöllner, F. Leonardo da Vinci. 1452-1519. Köln: Taschen, 1999; zu dessen biographischen Daten siehe bei http://www.weltchronik.de/bio/cethegus/v/verocchio.html

[3] Esche, Sigrid. *Leonardo da Vinci. Das anatomische Werk.* Mit kritischem Katalog und Hundertfünfundsiebzig Abbildungen. Basel: Holbein-Verlag, MCMLIV, S.16, Z.7ff

[4] vgl. Esche, S. Leonardo, a.a.O., S.16, Z.9f

[5] direktes und indirektes Zitat bei: Esche, S. Leonardo, a.a.O., S.16, Z.14ff

[6] vgl. direkte Zitate bei: Esche, S. *Leonardo*, a.a.O., S.16, Z.17ff

Geist und Seele begabten und mit ihrer Hilfe über die irdischen Bezirke hinausragenden Menschen [...] den Ausgangspunkt für seine Vorstellungen vom Leben und vom Bau der Welt"[7] darstellte.

Der „Wandel des Glaubens vom inneren Schauen zum sinnenhaften Begreifenwollen der Gottheit" werde, wie eine Leonardo-Forscherin schreibt, durch Leonardos Studien zur Anatomie verdeutlicht, auf Basis der „Erforschung der innerhalb [...der Schöpfung Gottes] liegenden und dem [...menschlichen] Erkennen durch experimentelle Beobachtung zugänglichen Ursachenketten".[8]

Zeichnet man Leonardos Beschäftigung mit dem menschlichen Körper nach, die immer auch mit denen von Tieren vermischt wurden, so erscheinen in den etwa auf „150 Großfolioblätter[n] erhalten gebliebe[en anatomischen Arbeiten], die teils mit sorgfältig ausgeführten großen Zeichnungen, teils winzigen, doch höchst aufschlussreichen Skizzen, fast immer aber mit ungezählten Notizen, Erklärungen und Vorschlägen bedeckt" sind[9], drei wesentliche Phasen bzw. Perioden, die Gemeinsamkeiten aufweisen, aber auch immer auf die jeweils folgenden oder vorangegangenen rekurrieren[10]. Es lassen sich dadurch einzelne Entwicklungsstufen Leonardos nachvollziehen und für jede dieser Phasen kann aufgezeigt werden, weshalb man eine Art Programm entdecken kann.

Nachfolgende Arbeit beschäftigt sich mit den *drei theoretischen anatomischen Programmen*, die jeweils die unterschiedlichen Phasen in der Beschäftigung Leonardos im Bereich seiner anatomischen Studien beschreiben und skizzieren.

Einer *kurzen Vorstellung des Lebens und Werks* Leonardos folgen die Beschreibungen der Kennzeichen *der einzelnen Phasen* von 1487

---

[7] Esche, S. Leonardo, a.a.O., S.16, Z.20ff
[8] beide Zitate aus: Esche, S. Leonardo, a.a.O., S.16, Z.33ff
[9] vgl. dieses Zitat aus: Sigrid. *Leonardo*, a.a.O., S.21, Z.3ff
[10] vgl. Esche, S. Leonardo, a.a.O., S.21, Z.26ff

bis 1495, von 1504 bis 1509 sowie ab 1510 und konkret der Texte, die man als seine *theoretischen Programme von 1491, von 1509/10 und von 1511* bezeichnen kann. Diese Programme, die auf den Blättern K/P *81verso*, *113recto* und *154recto*[11] stehen, werden *inhaltlich vorgestellt*, es werden die jeweiligen *Schwerpunkte* herausgearbeitet und es wird versucht, diese Texte in die inhaltlichen Fäden der jeweils einzelnen Phasen einzubetten.

Ein Vergleich der einzelnen Programme, bei dem auch auf die *Schwierigkeiten bzw. Probleme bei der Übersetzung der Texte* eingegangen wird, ermöglicht das Aufzeigen der *Veränderungen bzw. Verbindungen* der einzelnen Phasen und Programme.

[11] nach der Nummerierung im Atlas der Anatomischen Studien von *Keele* und *Pedretti* (K/P, vgl. hierzu die Anmerkungen im Anhang dieser Arbeit)

2. Einordnung: Leben und Werk Leonardo da Vincis

Leben

Leonardo da Vinci wurde am 15.April 1452 als unehelicher Sohn eines Florentiner Notars (*Ser Piero*) in Vinci, nahe Florenz, geboren. 1469 siedelte er nach Florenz um und blieb dort bis 1482[12]. Hier lernte er unter *Andrea del Verrocchio*, einem bereits zu damaliger Zeit angesehenen Maler und Bildhauer. In dieser als seine „florentinische Periode" bezeichneten Zeit Leonardos entstanden Werke wie seine erste datierte Zeichnung, die so genannte *Landschaftszeichnung des Arnotals* (um etwa 1473) oder Werke wie *Madonna mit der Nelke (1472-1480)*[13]. Privat wurde er 1476 der Homosexualität (zu damaliger Zeit als Sodomie bezeichnet) bezichtigt, es kam jedoch nicht zu einer Anklage.[14] 1478 machte er sich selbständig. [15]

---

[12] Informationen zu seiner Florenzer Zeit, siehe bei: Baur, Otto; Bott, Barbara; u.a. (Hrsg.). *Leonardo da Vinci. Anatomie, Physiognomik, Proportion und Bewegung.* Band I. Kölner medizinhistorische Beiträge, herausgegeben von Prof. Dr. med. Dr. phil. Marielene Putscher. Arbeiten der Forschungsstelle des Instituts. für Geschichte der Medizin der Univ. Köln, Bd. 23/1. Köln: F.Hansen, 1984, S.236ff

[13] vgl. bei: Zöllner, F. Leonardo, Taschen, 1999, S.92

[14] vgl. bei: Zöllner, F. Leonardo, Taschen, 1999, S.92

[15] sehr ausführlich zu Leonardo Leben und Schaffen (bis hin zu den finanziellen Regelungen für seine Arbeiten), vgl. bei: Schneider, Marianne. *Leonardo da Vinci. Eine Biographie in Zeugnissen, Selbstzeugnissen, Dokumenten und Bildern.* München: Schirmer/Mosel, 2002, wobei gerade die Jahre seiner Rückkehr nach Florenz (Zahl) interessant zu lesen sind (1500-1506). Zu Vinci und seiner Zeit in Florenz, siehe bei: Schneider, Marianne. *Leonardo da Vinci. ...* München: Schirmer/Mosel, 2002, S.43ff; zu Leonardo und seiner Zeit in Mailand (1482-1499) vgl. ausführlich bei: Schneider, Marianne. *Leonardo da Vinci. ...* München: Schirmer/Mosel, 2002, S.71ff; zu der erneuten Rückkehr nach Mailand bei: Schneider, Marianne. *Leonardo da Vinci. ...* München: Schirmer/Mosel, 2002, S.205ff detailliert

Von Florenz zog er nach Mailand und verblieb dort bis 1499: In dieser als „lombardische Schaffensperiode“ aufgefassten Zeit entfaltete er rege Tätigkeit als Kriegsingenieur, Maler und Bildhauer am Hofe Herzogs *Ludovico Sforza*, es entstanden Werke wie *La Vergine delle Rocce* (heute im Louvre) oder auch *Il Cenacolo* (in Mailand heutzutage im Kloster *Santa Maria delle Grazie*)[16]. In Mailand unternahm Leonardo physikalische und naturwissenschaftliche Studien und er beschäftigte sich intensiv mit Architektur. Auch begannen seine selbständigen Forschungen im anatomischen Bereich.[17]

Nachdem sein Mäzen politisch von französischen Truppen im Oktober 1499 gestürzt wurde[18], verließ Leonardo ab 1499 die Stadt in Richtung Mantua, Venedig, Bologna sowie Florenz, wo er ab 1501 Werke wie *Lisa del Giocondo* (heute im Louvre, die Mona Lisa entstand 1503) schuf. Zwischenzeitlich zog es ihn erneut nach Mailand, von 1506 bis 1513. Danach leistete er Dienste für *Giuliano de Medici* in Rom, er betrieb vor allem geologische und geometrische Studien. Ab 1516 verbrachte Leonardo bis zu seinem Tod auf Schloss *Cloux* bei *Amboise*, einer Einladung von Franz I. von Frankreich folgend, und beschäftigte sich mit architektonischen Projekten sowie mit mathematischen und hydraulischen Studien.[19]

Am 2. Mai 1519 verstarb Leonardo.

---

[16] Zöllner, F. Leonardo, 1452-1519. Köln: Taschen, 1999, S.93
[17] vgl. Frank Zöllner / Johannes Nathan. Leonardo da Vinci. *Sämtliche Gemälde und Zeichnungen.* Köln: Taschen, 2003, S.21, Z.30ff
[18] vgl. Zöllner, F. *Leonard,* 1452-1519. Köln: Taschen, 1999, S.93
[19] alles bei: Baur, Otto; Bott, Barbara; u.a. (Hrsg.). *Leonardo da Vinci. Anatomie…*, a.a.O., S.244ff

Werk

Der als Universalgenie geltende Leonardo gilt als Künstler, „in dessen Werk sich Kunst und Naturwissenschaften auf einzigartige Weise“ verbinden würde. Seine Forschungen standen für den Übergang der Renaissance zur Neuzeit. Durch seine Arbeiten zur Hydraulik und Mechanik erschuf er zahlreiche Maschinen, seine anatomischen Studien beflügelten die Durchsetzung eines neuen Bildes vom Menschen. Einige der bedeutendsten Werke seiner Zeit wurden von ihm geschaffen. Seine Vielseitigkeit wird ersichtlich aus seinen zahlreichen Arbeiten an den einzelnen Standorten, an denen er sich aufhielt. In Mailand malte er beispielsweise die *Felsgrottenmadonna* sowie das *Abendmahl*, er erstellte architektonische Entwürfe, er sah sich selbst als Militär- und Zivilingenieur an, als Bildhauer, als Maler, als Architekt, er schrieb ein Lehrbuch über die Malerei[20] und betrieb Studien zur Anatomie, Optik und Mechanik. Viele seiner zahlreichen Brücken- und Kanalbaupläne sind jedoch nicht realisiert worden.

Leonardo hinterließ wesentlich mehr Zeichnungen als Bilder, er war beidhändig tätig und schrieb seine Texte zumeist oftmals zusätzlich in Spiegelschrift.

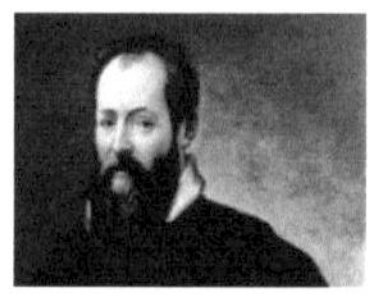

Abb. 1

Der als erster große Kunsthistoriker geltende *Giorgio Vasari* (Abb.1) schrieb dazu Jahre nach dem Tod des Künstlers in „Leben des Leonardo da Vinci“ (1568), dass Leonardo „eine so vollkommene Fähigkeit [besessen habe], dass, wohin sein Geist sich [...gewandt habe], er das Schwierigste mit Leichtigkeit“ zu lösen imstande war. Er lobte in dem Artikel dessen „Mut und Tapferkeit“, seine Erhabenheit und Großartigkeit und wies auf den großen Ruf Leonardos hin: Dieser habe sich „so weit [verbreitet], dass er nicht nur von der Mitwelt, sondern noch viel mehr von der Nachwelt gepriesen“ worden sei.

---

[20] obwohl das „Buch von der Malerei“ kein originales Werk ist sondern lediglich von einem Autor im 16. Jahrhundert aus Manuskripten Leonardos zusammengestellt wurde

Die anatomischen Arbeiten Leonardos waren zu seinen Lebzeiten und auch kurz nach seinem Tod zwar durchaus bekannt, aber die Zeichnungen an sich wurden erst im Jahre 1778 durch den Sekretär des englischen Königs *Dalton* in dessen Schloss *Kensington* gefunden.[21] In einer Schatulle befanden sich fast alle heute bekannten anatomischen Zeichnungen, wobei die meisten Blätter „zusammenhängenden Skizzenbücher[n] von ziemlich großem Format und einheitlichem Papier" angehörten.[22] Wurden die Arbeiten durch französische, italienische, skandinavische und deutsche Forscher zum Ende des 19. Jahrhunderts und danach zwar durch *Faksimile*-Ausgaben veröffentlicht und kommentiert, so ist davon auszugehen, dass „wertvolle und aufschlussreiche Blätter" verloren gegangen sind.[23] Seine anatomischen Zeichnungen werden teilweise auch als die schönsten Zeichnungen in seinen Manuskripten überhaupt bezeichnet.[24]

---

[21] vgl. Esche, S. Leonardo, a.a.O., S.21, Z.4ff

[22] das hier verwendete Zitat aus: Esche, S. Leonardo, a.a.O., S.21, Z.11ff

[23] vgl. Esche, S. Leonardo, a.a.O., S.21, Z.14ff; über den Aufbau der einzelnen Blätter, deren Reihenfolge und systematischen Erfassung, siehe bei: Clark, Kenneth. *The drawings of Leonardo da Vinci. In the collection of Her Majesty the Queen at Windsor Castle.* Second edition revised with the assistance of Carlo Pedretti. Phaidon, o.J.. umfangreiches Material und Erklärungen

[24] vgl. diese Ansicht bei: Zwijnenberg, Robert. *The writings and drawings of Leonardo da Vinci. Order and Chaos in early modern thought*. Cambridge: University Press, 1999, S.147, Z.7f

3. Die drei theoretischen Programme

Fast dreißig Jahre beschäftigte sich Leonardo da Vinci mit dem Bereich der Anatomie, „von ungefähr 1485 bis 1510-15“[25].

Verschiedene Phasen

Leonardos „Studien zur Anatomie können grob in eine frühe (ab ca. 1487, zu Beginn seiner Mailänder Jahre), eine mittlere (1506-1510) und eine späte Phase (nach 1510) eingeteilt werden“[26]. Seiner ersten Phase galt „der Aufstellung eines großen Programms, den ersten eigenhändigen Untersuchungen an der Leiche, kurz der Vorbereitung auf [...] planmäßige[s] Studien“.[27] In seiner zweiten Phase, die ihren Schwerpunkt in seiner Florenzer Zeit von 1506-1508 sieht, studierte und zeichnete er „die genaue Gestalt der inneren Organe des Menschen, dann das Skelett und die Muskeln“[28]. Die dritte Phase diente der Vertiefung seiner Forschungen in diesem Bereich und er fügte eine „Art Funktionslehre des menschlichen Organismus“[29] hinzu.

Situation der Anatomie

Bevor jedoch auf die einzelnen Phasen der Beschäftigung eingegangen werden kann, sollte in einer Art Vorbemerkung die Situation der Anatomie in der Zeit von Leonardo kurz skizziert werden:

Die Beschäftigung mit der Anatomie war zu Leonardos Zeit nichts Ungewöhnliches: Am Ende des 15. Jahrhunderts gehörte die Anato-

---

[25] Leonardo da Vinci. *Anatomische Zeichnungen aus der königlichen Bibliothek auf Schloss Windsor.* Ausstellungskatalog: Hamburger Kunsthalle 1979. Gütersloh: Prisma Verlag, 1979, S.11, Z.5

[26] Frank Zöllner / Johannes Nathan. *Leonardo da Vinci.* .... Köln: Taschen, 2003, S.400, 3.Spalte, Z.19ff

[27] Esche, S. Leonardo, a.a.O., S.21f, Z.37ff

[28] Esche, S. Leonardo, a.a.O., S.22, Z.4ff

[29] vgl. Esche, S. Leonardo, a.a.O., S.22, Z.12ff

mie in den Bereich der Kunst, was sich aber im wesentlichen auf die Erkenntnis der Funktionen über die bewegten Körper konzentrierte.[30] Ungewöhnlich waren eher die Gesichtspunkte, die Leonardo dabei leiteten.[31] Das Umfeld der Anatomie jener Zeit wird beschrieben durch das populäre Lehrbuch *Fasciculo de Medicina* von Johannes de Kentham [32] (Abb.2):

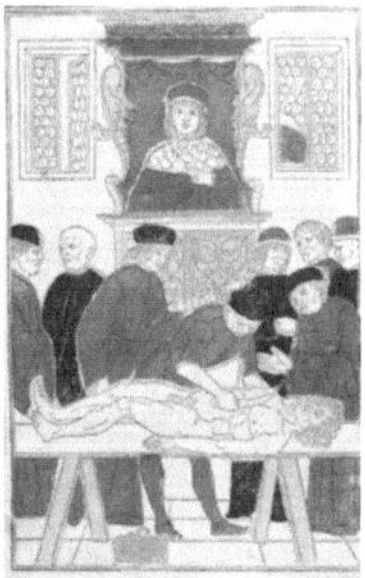

Abb. 2

Die erste Ausgabe in italienischer Sprache kam im Jahr 1493 heraus, als Leonardo 41 Jahre alt war und war zu jener Zeit wegweisend für den Bereich der Anatomie. Am Schluss des Buches befindet sich die italienische Übersetzung der Anatomie von *Mondino*.[33] 1286 gab es die erste Öffnung eines menschlichen Körpers und 1316 in Bologna die erste Sezierung. Im 15. Jahrhundert behandelten Literatur und Praxis der Anatomie vom menschlichen Körper eher die Organe des Unterleibs und des Halses und Gehirns[34] und konnten den Künstlern eben nicht Kenntnisse des Muskel- und Sehensapparates vermitteln.

Leonardos Lernumgebung

Nachdem Leonardo in das Atelier von *Andrea del Verrocchio* aufgenommen wurde[35], gelangte er schnell unter den Einfluss seines Leh-

[30] vgl. Baur, Otto; Bott, Barbara; u.a. (Hrsg.). *Leonardo da Vinci. Anatomie...*, a.a.O., S.1, Z.16ff

[31] vgl. Esche, S. Leonardo, a.a.O., S.23, Z.3ff

[32] vgl. Baur, Otto; Bott, Barbara; u.a. (Hrsg.). *Leonardo da Vinci. Anatomie...*, a.a.O., S.19, Z.1f

[33] vgl. Baur, Otto; Bott, Barbara; u.a. (Hrsg.). *Leonardo da Vinci. Anatomie...*, a.a.O., S.19, Z.3ff

[34] vgl. Heydenreich, Ludwig Heinrich. *Leonardo da Vinci.* Basel: Holbein-Verlag, S.134, Z.24ff

[35] vgl. Leonardo da Vinci. *Anat....*Hamburger Kunsthalle 1979. Gütersloh: Prisma Verlag, 1979, S.13, Z.18ff

rers und in Umgang mit den Brüdern „Pollaiuolo und […] Francesco di Giorgio Martini“[36], die sich als Maler und Bildhauer eingehender mit der Anatomie beschäftigten.[37] Gerade *Verrocchio*, dem die Bedeutung der Perspektive in der Kunst bewusst gewesen war wie auch der potentiellen Bereicherung der künstlerischen Darstellung des Menschenkörpers durch die Kenntnisse der Anatomie, waren inspirierend für da Vinci.

Ebenfalls durch die Brüder *Antonio* und *Piero del Pollaiuolo*, die in der Nachbarschaft beheimatet waren, freundete sich Leonardo mit der Möglichkeit der Darstellung von „natürlichen Formen der Menschengestalt“[38] an, was sich auch in seinem *Hl. Hieronymus* im Vatikan ausdrückte[39] (Ausschnitt Abb. 3): Hier spiegelte „die Anatomie von Kopf und Hals [...] dramatisch die Agonie der Seele“[40] wider. Gerade dieses Gemälde wurde häufig als „Beweis für Anatomiekenntnisse aufgeführt, die sich auf Sektion gründen“ würden[41].

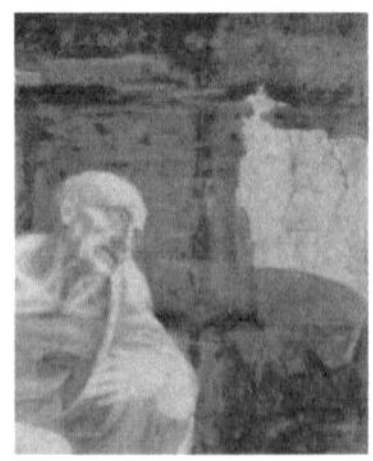

Abb. 3

Die Leonardo in der Werkstatt umgebenden Künstler hatten mit einer „Art Musterbuch für Bewegungs- und Muskeldarstellung“ eine Möglichkeit geschaffen, den menschlichen Körper in lebhafter Bewegung

[36] Esche, S. Leonardo, a.a.O., S.23, Z.6f

[37] vgl. Esche, S. Leonardo, a.a.O., S.23, Z.8

[38] Leonardo da Vinci. *Anat....*Hamburger Kunsthalle 1979. Gütersloh: Prisma Verlag, 1979, S.11, Z.37f

[39] zu Maß, Proportionen, Perspektiven und weiteren Informationen zum vatikanischen Hieronymus, vgl. bei: Ost, HanS.*Leonardo-Studien.* Beiträge zur Kunstgeschichte, Band 11. Hg. Günter Bandmann, Erich Hubala und Schöne, Wolfgang. Berlin/New York: Walter de Gruyter, 1975, erster Teil

[40] Leonardo da Vinci. *Anat....*Hamburger Kunsthalle 1979. Gütersloh: Prisma Verlag, 1979, S.13, Z.31f

[41] was zu dieser Zeit natürlich noch nicht der Fall gewesen war, vgl. Leonardo da Vinci. *Anat....*Hamburger Kunsthalle 1979. Gütersloh: Prisma Verlag, 1979, S.11f, Z.40f

abzubilden.[42] Ihnen kam es auf ein „fundiertes Wissen“ an, welches der Künstler „zur Darstellung des bewegten menschlichen Körpers vom Skelett und von den Muskeln besitzen“[43] solle.

Vier Methoden zur Darstellung und Erforschung

Leonard hatte bereits von Anfang an „vier Methoden, die Strukturen des Körpers zu erforschen und darzustellen“[44]: Alle diese Methoden wendete er gleichzeitig an. Diese waren:

Eine „rein beschreibende Anatomie auf Grund von Beobachtungen [...,] Darstellungen auf Grund der anatomischen Literatur [...,] vergleichende anatomische Zeichnungen nach eigenen Vorstellungen [... sowie] Schemazeichnungen mechanischer Bewegungsabläufe von Teilen des Körpers“.[45]

Experimentelle Beobachtungen

Leonardo lernte, durch „experimentelle Beobachtungen von Gegenständen durch eine senkrechte Glasscheibe oder *pariete* [...], die Beziehung zwischen der Perspektive und der quantitativen oder gemessenen Beobachtung äußerer Körper in ihren wahren Proportionen zu würdigen“[46]. Beispiele hierfür stellen seine Schädelzeichnungen dar.

---

[42] vgl. Esche, S. Leonardo, a.a.O., S.23, Z.9ff
[43] Esche, S. Leonardo, a.a.O., S.23, Z.14f
[44] Baur, Otto; Bott, Barbara; u.a. (Hrsg.). *Leonardo da Vinci. Anatomie, Physiognomik, Proportion und Bewegung.* Band I. Kölner medizinhistorische Beiträge, herausgegeben von Prof. Dr. med. Dr. phil. Marielene Putscher. Arbeiten der Forschungsstelle des Instituts für Geschichte der Medizin der Universität Köln, Band 23/1. Köln: F.Hansen, 1984
[45] alle bei: Baur, Otto... (Hrsg.). *Leonardo ,* Köln: F. Hansen, 1984, S.19, Z.18ff
[46] Leonardo da Vinci. *Anat....*Hamburger Kunsthalle 1979. Gütersloh: Prisma Verlag, 1979, S.14, Z.1ff

Die Folge dieses Verhältnisses von Perspektive und experimenteller Beobachtung war, dass sich Leonardo der objektiven Darstellung von Maschinen zuwandte“[47], mit einem hohen Maß an „messbarer Genauigkeit“[48].

Die Experimente führten Leonardo zu dem Gedanken, dass man auch das gleiche experimentelle Wissen anwenden könne, „um ´wahres Wissen´ aus der ´universalen Maschine der Erde´ zu beziehen“[49]. Gleichzeitig mit diesem Gedanken begleitete ihn die Vorstellung, dass das, was für den Makrokosmos gelten würde, auch in gleichem Maße für den Mikrokosmos, also den lebendigen Körper des Menschen, gelten müsste, der, wie er betonte, ebenso wie die große „Erdenscheibe eingeschlossen [sei...] in der Kugel der Luft“[50].

Dies bedeutet, dass die ersten Vorstöße Leonardos in die menschliche Anatomie sich auf die „Natur von ´Erfahrung´ und insbesondere auf perspektivische Erfahrung“[51] konzentrierten.

Oft finden sich vor allem in diesen frühen Jahren Schmähreden gegen die vorherrschenden „Autoritäten“, so beispielsweise in seinem *Codex Atlanticus*[52]:

„Viele werden der Ansicht sein, dass sie mich mit Recht kritisieren können, indem sie behaupten, dass meine Beweise der Autorität gewisser Männer widersprechen, die ihr unerfahrenes Urteil verehrt,

---

[47] Leonardo da Vinci. *Anat.*...Hamburger Kunsthalle 1979. Gütersloh: Prisma Verlag, 1979, S.14, Z.5f
[48] Leonardo da Vinci. *Anat.*...Hamburger Kunsthalle 1979. Gütersloh: Prisma Verlag, 1979, S.14, Z.6
[49] Leonardo da Vinci. *Anat*...Hamburger Kunsthalle 1979, a.a.O., S.14, Z.9
[50] vgl. dieses Zitat bei: Leonardo da Vinci. *Anat.*...Hamburger Kunsthalle 1979. a.a.O., 1979, S.14, Z.11f
[51] Leonardo da Vinci. *Anat.*...Hamb. Kunsthalle 1979. a.a.O., S.14, Z.14f
[52] Zitat entnommen aus: Leonardo da Vinci. *Anat.*...Hamburger Kunsthalle 1979. a.a.O., 1979, S.14, Z.15ff

und dabei berücksichtigen sie nicht, dass meine Werke das Ergebnis einfacher, schlichter Erfahrung sind, die die wahre Herrin ist.“

3.1 Die Phase von 1487-1495 und das Programm von 1491

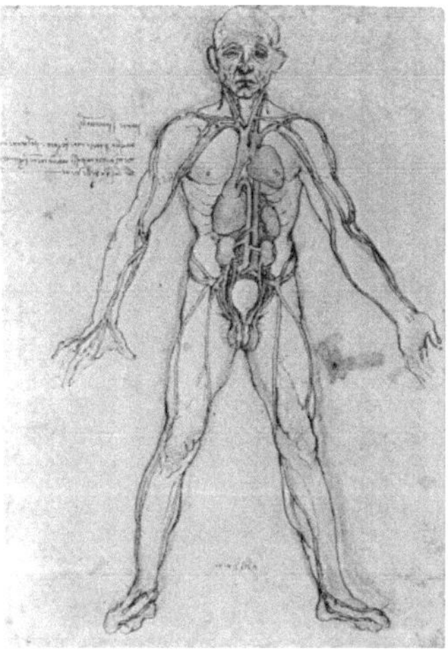

Abb. 4

Kennzeichen der frühen Phase

Wie bereits zuvor angedeutet, ist ein Kennzeichen der frühen Phase, dass *„Leonardo rein beschreibend das zeichnet, was er sieht“*[53]. Auch verwendet er *Ansichten aus antiken Quellen*, d.h. er zeigte seinen Respekt den ihm zugänglichen geistigen Größen wie *Plato*, *Aristoteles* oder *Mondino*[54]:

Proportions- und Schädelstudien sowie Studien des Gehirns und Nervensystems

Die Studien dieser frühen Phase „stützen sich [...also] nicht auf die Sektion von Leichen, sondern lediglich auf Kenntnisse, die an der Oberfläche des menschlichen Körpers [...], an Tierkörpern[,] und am Knochengerüst gewonnen werden konnten“[55]. Eine Vorreiterrolle

---

[53] Baur, Otto... (Hrsg.). *Leonardo* , Köln: F. Hansen, 1984, S.19, Z.25; auch: Heydenreich, Ludwig Heinrich. *Leonardo da Vinci.* Basel: Holbein-Verlag, S.135, Z.3ff

[54] vgl. Baur, Otto; Bott, Barbara; u.a. (Hrsg.). *Leonardo da Vinci. Anatomie...,* a.a.O., S.19, Z.9ff

[55] Zöllner / Nathan. *Leonardo da Vinci*, a.a.O., S.400, 3.Sp, Z.22ff

nehmen hier die bereits erwähnten Proportions- und „frühe[n] Schädelstudien [...] ein“[56].

Eine Proportionsstudie ist auf Abb. 4 zu sehen, bei der eine anatomische Figur mit Herz, Lunge und Hauptarterien abgebildet und um 1490 entstanden ist.

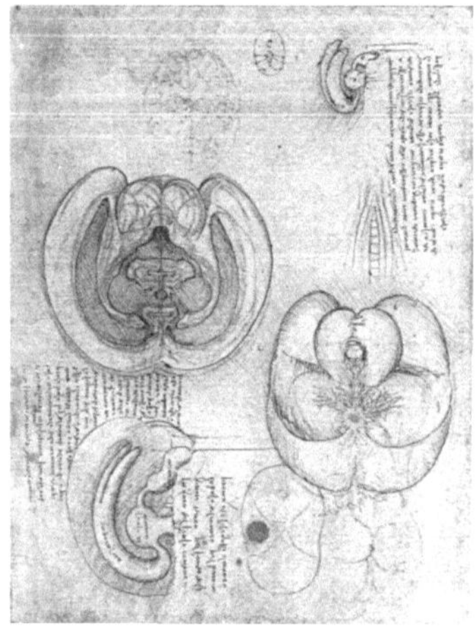

Abb. 5

Vor allem seine „Studien des Gehirns“[57] (Abb. 5) sowie „Sektionen des sensorischen Nervensystems, besonders jener Teile, die das Sehen betreffen“[58], sind ebenfalls bemerkenswert:

Leonardo zeigt herausragende zeichnerische Kompetenz, „sowohl in der Beschreibung der Form als auch in der Kombination von Ansicht und Schnitt“[59], da hier die von ihm „neu erworbene Technik der Perspektive“[60] (die experimentelle Beobachtung von Gegenständen durch senkrechte Glasscheibe) ausgeführt wurde.

Ein Beispiel für diese neu erworbene Technik, mit der er den Wunsch entwickelte, „wahres Wissen“ zu sammeln, sowohl was das Wesen der Erde betrifft als auch was den lebendigen Körper angeht (Makro- und Mikrokosmos), stellt die erste „korrekte Darstellung der Oberkieferhöhle im Wangenknochen“[61] dar (Abb. 6) . Hier werden auf „kleinstem Raum größtmögliche anatomische Information“[62]

[56] Zöllner / Nathan. *Leonardo da Vinci*, a.a.O., S.400, 3.Sp, Z .27ff
[57] Zöllner / Nathan. *Leonardo da Vinci*, a.a.O., S.400, 3.Sp, Z.51f
[58] Leonardo. *Anat...*Hamb. Kunsthalle 1979. a.a.O., S.14, Z.26
[59] Zöllner / Nathan. Leonardo, a.a.O., S.400, 3.Spalte, Z.31ff
[60] Baur, Otto... (Hrsg.). *Leonardo* , Köln: Hansen, 1984, S.19, Z.27
[61] Zöllner / Nathan. Leonardo, a.a.O., S.400, 3.Spalte, Z.35f
[62] Baur, Otto... (Hrsg.).*Leonardo* , Köln: Hansen, 1984, S.19, Z.31f

vermittelt.[63] Schädelstudien waren für Leonardo auch geeignet, seine Konzentration bei der Betrachtung von Licht, Schatten, Perspektive und der Physiologie zu bündeln.[64]

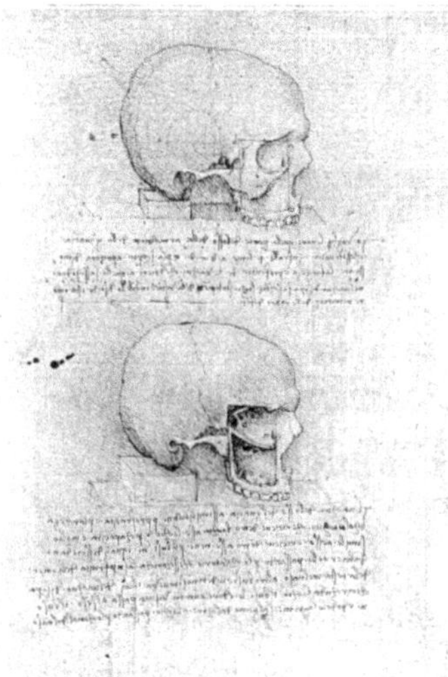

Abb. 6

Senso comune

Die auf Abb. 7 und Abb. 8 gezeigten Schädelzeichnungen stammen aus dem Jahr 1489. Der Text neben den Schädelzeichnungen beschäftigt sich vor allem „mit der Lage des Zentrums der Sinne und des Sehens innerhalb des Schädels“[65]. Am Beispiel der Darstellung der Verarbeitung der Sinneseindrücke zeigt sich, wie sehr Leonardo noch bei seinem Schema „im Prinzip mittelalterliche Interpretationen der Schriften des Aristoteles“[66] verbleibt, also den „antiken Quellen“[67]: Er strebt ein „tieferes Verständnis der subjektiven Seite von Erfahrung´ an, wie sie von allen Sinnen und

[63] Beschreibung der Schädelzeichnung: Die linke Hälfte zeigt nur die Oberfläche in Vorderansicht, während die rechte Hälfte, frontal aufgesägt, die Stirn- und Kieferhöhle sichtbar macht (diese hat Leonardo entdeckt). Man erkennt: Die Öffnung der Augenhöhle zum Schädel, durch die der Sehnerv geht; unter der Kieferhöhle sieht man auch die Wurzeln je eines Prämolaren (= vorderer, zweihöckiger Backenzahn) in Ober- und Unterkiefer; auch sieht man die sehr kleine Mündung des Nervenkanals im Foramen mentale (= Loch, Lücke, Öffnung/zum Kinn gehörend) (die ganze Beschreibung aus: Baur, Otto... (Hrsg.). *Leonardo* , Köln: F. Hansen, 1984, S.20, Z.2ff)

[64] vgl. Bei: Baur, Otto... (Hrsg.). *Leonardo* , Köln: F. Hansen, 1984, S.21, Z.5ff

[65] vgl. Leonardo da Vinci. *Anat....*Hamburger Kunsthalle 1979. a.a.O., S.14, Z.28ff

[66] Zöllner / Nathan. *Leonard*, a.a.O., S.401, 1.Spalte, Z.20f

[67] Baur, Otto... (Hrsg.). *Leonardo* , Köln: Hansen, 1984, S.21, Z.12

nicht nur vom Auge gewonnen“ werden, und er versuchte sich in der „Analyse der Natur seiner objektiven Beobachtung der natürlichen Phänomene wie Form, Größe und Entfernung von Gegenständen.

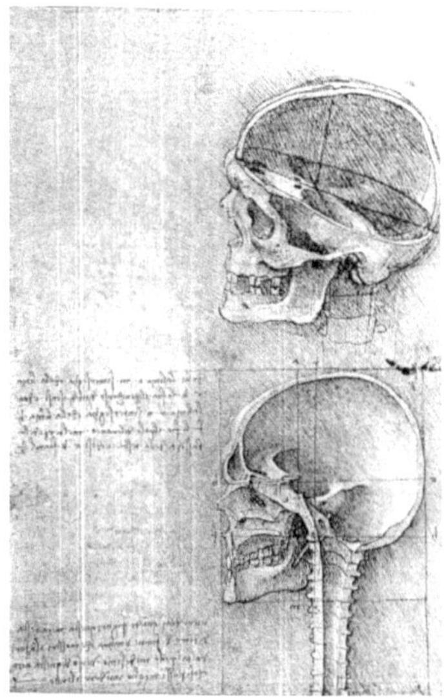

Abb. 7

Das System der sich kreuzenden Linien dient eher zur Lokalisierung des „Zusammenflusses aller Sinne“, des *senso comune*[68], auch werden in der unteren Zeichnung auf derselben Seite „die Sehnerven klar und isoliert dargestellt“[69]. Grundsätzlich wollte Leonardo durch seine Beschreibung des Auges „als ´des Fensters der Seele´ anatomische Realität“ verleihen[70].

Mittler zwischen Kunst und Naturwissenschaft

Was wollte Leonardo dadurch noch erreichen? Durch eine „Kombination der Perspektive mit der Physiologie des Sehens hoffte Leonardo“[71] verstehen zu können, wie, wie er selbst betonte, „der Geist des Malers unbedingt in den Geist der Natur umgewandelt werden

---

[68] vgl. Baur, Otto; Bott, Barbara; u.a. (Hrsg.). *Leonardo da Vinci. Anatomie...,* a.a.O., S.20, Z.20ff

[69] vgl. bei: Zwijnenberg, Robert. *The writings and* …, a.a.O., S.156f, Z.8ff; auch: Leonardo da Vinci. *Anat....* Hamburger Kunsthalle 1979. Gütersloh: Prisma Verlag, 1979, S.14, Z.32ff

[70] vgl. bei Leonardo da Vinci. *Anat....* Hamburger Kunsthalle 1979, a.a.O., S.14, Z.40f

[71] Leonardo. *Anat....*Hamb. Kunsthalle 1979. a.a.O., S.15, Z.9f

[...müsse], damit er als Mittler zwischen Natur und Kunst handeln"[72] könne. Die Folge war eine Überwindung der Kluft zwischen Wissenschaft und Kunst[73]. Gerade auf diesen pädagogischen Impetus sind manche Irrtümer zurückzuführen, da ihm das Lehren des Sehen-Könnens als Lehren des Wissens wichtig war.[74]

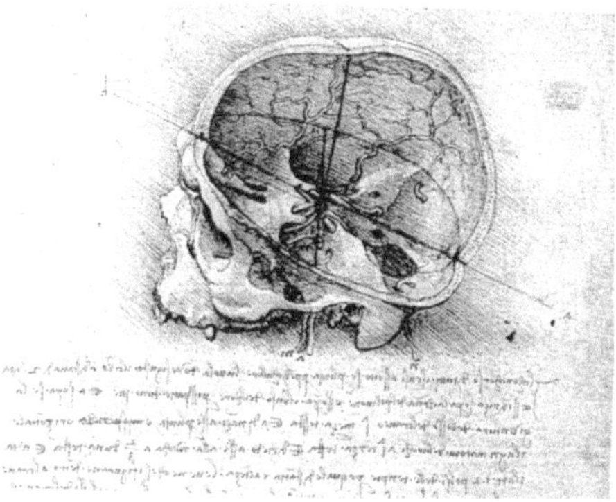

Abb. 8

Neu und losgelöst von den antiken Quellen war allerdings die Vermittlung der räumlichen Vorstellung, die die „Illustrations- und Betrachtungsweise" seiner Zeit revolutionierte.[75] Auch, wenn manche als „einmalig genau" bezeichnete Zeichnungen (wie die von der Innenansicht des Schädels) sich eben als komponierte Abbildung beschreiben lässt und vordergründig eben den *senso comune* beschreiben will.

Erkennbar wird dies daran, dass Leonardo in seiner Vision des Systems der Sinnesübermittlung noch „dem Gang der visuellen Eindrücke hervorragende Bedeutung"[76] zumisst. Auch in weiteren anatomischen Studien zeigt sich dies, wenn er den „Nervenstrang zum Auge besonders kräftig" zeichnet, dabei aber „die Verbindungen zum Ohr hingegen nur andeutungsweise oder gar nicht skizziert" werden[77].

---

[72] Zitat bei: Leonardo. *Anat*....Hamburger Kunsthalle 1979. a.a.O., S.15, Z.11f

[73] vgl. bei: Leonardo. *Anat*....Hamburger Kunsthalle 1979. a.a.O., S.15, Z.12f

[74] vgl. Arasse, D. *Leonardo*... Köln: Dumont, 2002, S.278, Z.13f

[75] vgl. bei Arasse, D. *Leonardo*... Köln: Dumont, 2002, S.275, 18ff

[76] Zöllner / Nathan. *Leonardo,* a.a.O., S.401, 1.Spalte, Z.24f

[77] vgl. Zöllner/ Nathan. Leonardo..., a.a.O., S.401, 1.Sp., Z.25ff

Oder auch in der Darstellung der Gebärmutter oder des Koitus (Penis mit zwei Kanälen dargestellt)[78].

Die Direktheit dieser Studien aus der frühen Phase spiegeln „den Optimismus“ wider, mit dem sich der Künstler „dem menschlichen Organismus“ zuwendet[79].

Abläufe im Körper

Da sich die Darstellung der „Funktionsweise beweglicher Körperteile“ schwieriger gestaltet hatte „als das Studium von festen Strukturen“[80], experimentierte Leonardo also „zunächst mit der Darstellung von Querschnitten“[81]. Doch stellte sich heraus, dass diese Querschnitte wenig geeignet erschienen, solche Abläufe verständlich zu machen“[82]. Dies belegt ein Vergleich mit einer Studie „zum Greifmechanismus der Hand aus der Reifezeit“[83], da Leonardo später mehr und mehr von der Darstellung der Muskeln absieht und eher die „Stränge der Kraftübertragung“ skizziert[84].

Beispiel hierfür sind Zeichnungen, welche eine Reihe von frühen Vorstellungen Leonardos zur Funktionsweise des menschlichen Körpers[85] zeigt – und zwar der Verlauf der Gefäße, des Verdauungstraktes und des Knochengerüsts.[86] Bei der Anatomie des Körpers als ganze Einheit und bei der Lage der inneren Organe hielt sich Leonardo in seinen ersten Studien noch an die antiken Quellen.

---

[78] vgl. bei: Baur, Otto... (Hrsg.). *Leonardo ,* Köln: F.Hansen, 1984, S.21f
[79] vgl. Zöllner/ Nathan. Leonardo..., a.a.O., S.401, 1.Spalte, Z.29ff
[80] Zöllner/ Nathan. Leonardo, a.a.O., S.400, 3.Spalte, Z.37ff
[81] Zöllner/ Nathan. Leonardo, a.a.O., S..400, 3.Spalte, Z.41
[82] vgl. Zöllner/ Nathan. Leonardo..., a.a.O., S.400, 3.Spalte, Z.42ff
[83] Zöllner/ Nathan. Leonardo, a.a.O., S.400, 3.Spalte, Z.44f
[84] vgl. Zöllner/ Nathan. Leonardo..., a.a.O., S.400, 3.Spalte, Z.47ff
[85] vgl. Zöllner / Nathan. *Leonardo ...,* a.a.O., S.400, 3.Spalte, Z.52ff
[86] vgl. Zöllner / Nathan. *Leonardo...,* a.a.O., S.400, 3.Spalte, Z.55f

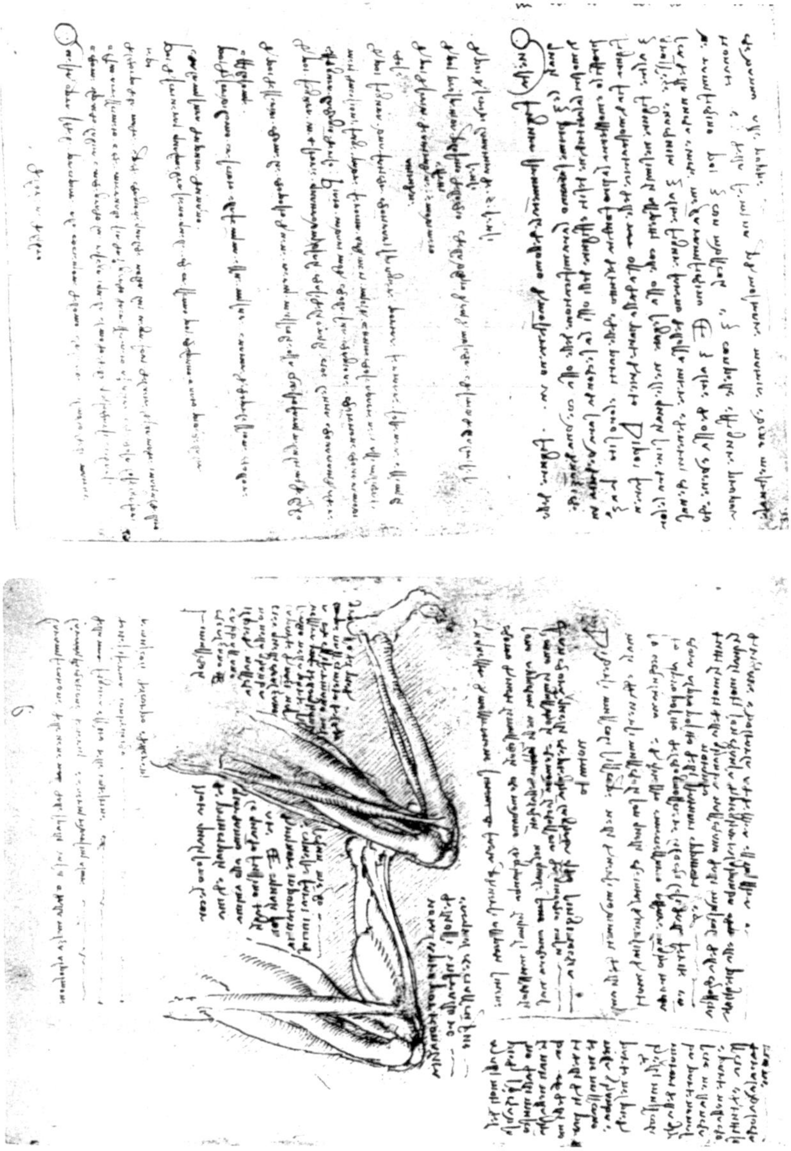

Abb. 9

Erstes Forschungsprogramm

Sein erstes anatomisches Forschungsprogramm[87] ist auf *81verso* (K/P) (RL19037v) festgehalten, unter der Überschrift „Über die Ordnung des Buches". Es rekurriert vermutlich auf das bereits in seinem Malereitraktat angekündigte *Traktat über die Anatomie*, in dem er „die Ursachen der Bewegungen aller Teile, aus denen der Mensch" bestehen würde, behandelt[88] (Abb. 9). Die deutsche Übersetzung lautet:

> *(I) Über die Ordnung des Buches*
>
> *Dieses Werk sollte mit der Empfängnis des Menschen beginnen und die Form des Schoßes beschreiben, und wie der Fetus in ihm lebt, und wie lange er in ihm bleibt, und wie er Leben und Nahrung erhält. Auch sein Wachsen, und welche Intervalle sind zwischen einem Wachstumsgrad und dem anderen; und was ihn aus dem Körper der Mutter stößt; und warum er manchmal vorzeitig aus dem Bauch der Mutter kommt.*
> *Dann wirst du beschreiben, welche Teile mehr als andere wachsen, nachdem das Kind geboren; und gib die Maße des einjährigen Kindes. Dann beschreibe den erwachsenen Mann und die Frau, und ihre Maße, und die Natur ihrer Konstitution, Farbe und Physiognomie.*
> *Dann, wie sie aus Venen, Nerven, Muskeln und Knochen bestehen. Dies wirst du am Ende des Buches tun.*
> *Dann stelle in vier Zeichnungen vier universale Zustände des Menschen dar, nämlich Freude mit Variationen des Lachens, und zeichne die Ursache des Lachens; Weinen auf verschiedene Arten, mit seinen Ursachen; Kämpfen mit verschiede-*

---

[87] diese Ansicht von seinem ersten Forschungsprogramm vertreten u.a. bei: Baur, Otto... (Hrsg.). *Leonardo* , Köln: F.Hansen, 1984, S.21, Z.14

[88] dieses Zitat aus: Heydenreich, Ludwig Heinrich. *Leonardo da Vinci.* Basel: Holbein-Verlag, S.135, Z.12ff

nen Bewegungen des Tötens; Flucht, Furcht, Wildheit, Kühnheit, Mord und alles, was zu solchen Ereignissen gehört.
Dann zeichne die Arbeit mit Ziehen, Schieben, tragen, Anhalten, Stützen und ähnlichen Dingen.

Haltungen
Dann beschreibe Haltungen und Bewegung.
Effekte
Dann Perspektive durch die Funktion des Auges; beim Hören werde ich von Musik sprechen; und beschreibe die anderen Sinne.
Sinne
Dann beschreibe die Natur der fünf Sinne.

(II)

Wir werden die instrumentale Form des Menschen in... (vierundzwanzig) Abbildungen darstellen, von denen die ersten drei die Verzweigung der Knochen sein werden; das ist eine von vorn, die die Weite der Stellungen und Formen der Knochen zeigt; die zweite wird im Profil zu sehen sein und die Tiefe des Ganzen und der Teile in ihrer Stellung zeigen. Die dritte Abbildung soll die Knochen von hinten zeigen. Dann werden wir drei weitere Abbildungen aus gleichen Ansichten machen mit durchsägten Knochen, in denen ihre Stärke und ihre leeren Höhlen zu sehen sein werden. Drei andere Abbildungen von den vollständigen Knochen, und von den Nerven, die aus dem Rückenmark kommen, und in welche Glieder sie sich verzweigen. Dann drei Muskeln; und drei mit der Haut, proportional gezeichnet. Und drei von einer Frau, um den Schoß und die Menstrualvenen zu zeigen, die zu den Brüsten führen.

Verwendet wurde Feder und braune Tusche (drei Schattierungen) über Spuren schwarzer Kreide.

Mit diesem Projekt, welches Leonardo hier angeht, stellt sich nach weitläufiger Meinung für ihn eine Lebensaufgabe dar: Ein Arbeitsprogramm aufzustellen, welches die Bereiche der Proportionslehre, der Physiologie, der Physiognomie sowie der Psychologie beinhaltet.[89] All diese Bereiche, die ihn zuvor als künstlerische Gestaltungsprobleme beschäftigt haben, kehren hier „als autonome Forschungsbiete wieder“[90] zurück. Dass er dabei die Anatomie „derart umfassend als eine Wissenschaft von den Wachstumsgesetzen des organischen Lebens, als eine Lehre von den Lebensfunktionen“ begreifen würde, deutet bereits an, wie weit er sich von den wissenschaftlichen Bemühungen seiner Zeitgenossen abhob[91]. Wie aber taucht dieses Bemühen in dem Text auf?

Gleich mit dem ersten Satz zeigt sich, dass Leonardo die zeitliche Komponente mit einschließt, wenn er davon spricht, dass er nicht nur die Form der Gebärmutter beschreiben möchte, sondern auch „wie das Kind darin lebt“[92]. Dies setzt sich fort, wenn er das „Wachsen“ erwähnt und dann zu den Erwachsenen übergeht. Es geht hier also um den Mensch, der gerahmt wird durch das Leben und den Tod.
Bei dem Absatz, auf dem Leonardo die Forderung nach vier Zeichnungen stellt, die den Mensch in vier universalen Zuständen zeigen solle, ist davon auszugehen, dass er eine Art Historia im Sinne führt

---

[89] vgl. bei: Heydenreich, Ludwig Heinrich. *Leonardo da Vinci.* Basel: Holbein-Verlag, S.136, Z.13ff

[90] Heydenreich, Ludwig Heinrich. *Leonardo da Vinci.* Basel: Holbein-Verlag, S.136, Z.17

[91] die Zitate aus: Heydenreich, Ludwig Heinrich. *Leonardo da Vinci.* Basel: Holbein-Verlag, S.136, Z.18ff

[92] vgl. Baur, Otto... (Hrsg.). *Leonardo ,* Köln: F. Hansen, 1984, S.21, Z.18ff; Der Coitus, d.h. die bildliche Darstellung der Empfängnis des Menschen, geht auf Vorstellungen des Plato zurück sowie auf die von Hippokrates, ebenda, S.21, Z.21ff

(vielleicht, wie man *Alberti* zeichnerisch ausdrücken kann), dieser Bereich beinhaltet die Psychologie des Menschen: Er sieht darin Zustände der Freude, des Weinens, des Kämpfens und der Flucht, jeweils mit Variationen und Ursachen.

Darüber hinaus wird in diesem ersten Forschungsprogramm deutlich, dass es Leonardo auf die sichtbaren Dinge ankommt, also Haltungen, äußere Emotionen, Affekte, Bewegungen usw., also alles, was in den Bereich der Bewegungen fällt, der Art der Bewegungen und wie diese Bewegungen und Zustände beschrieben werden können. Der Diskurs über die Sinne (wie das Hören etc.) deutet auf eine Auseinandersetzung über die „Perspektive der Perspektive".

Unter Teil „II" wird eine Übersicht vorgestellt mit „der Darstellung der Menschengestalt als ein mechanisches Instrument", das auf das Hebelsystem seiner Knochen gestützt ist. Dieses Instrument wird aus drei Seiten betrachtet. Diese und ähnliche Ansichten der Muskeln, der Nerven und der Blutgefäße sowie drei Abbildungen über die weibliche Anatomie nimmt Leonardo als ausreichend an zur Darstellung einer angemessenen Übersicht über den menschlichen Körper-mit insgesamt 24 Abbildungen. Zwar stammt diese Übersicht erst aus dem Jahr 1506, doch zeigt sich, wie sehr Leonardo sich noch weiterentwickeln wird.

Zwischen Kunst und Naturwissenschaften

Ein weiteres Kennzeichen erscheint ebenfalls in dieser frühen Phase deutlich (zu der Beobachtung und die bildliche Darstellung auf Grund antiker Quellen): „die Möglichkeit, nach eigener Vorstellung zusammengesetzte Kompositionen oder systematische Zusammenfügungen anatomischer Teile zu schaffen"[93]: Keele bezeichnete dies als „Anatomische Zusammenschau" oder „Körperlandschaften": „Schauplätze der Welt des Inneren, des Mikrokosmos, vergleichbar

---

[93] Baur, Otto... (Hrsg.). *Leonardo* , Köln: Hansen, 1984, S.22, Z.20ff

mit Landschaften der Außenwelt, des Makrokosmos“.[94] Diese anatomische Zusammenschau wird von Leonardo auch beschrieben in dem Text „Wie man ein Phantasietier wie ein natürliches Wesen darstellen kann“.[95] Letztlich ergibt sich hier noch eine Kombination aus wissenschaftlicher Zeichnung und der Vorzeichnung für ein Kunstwerk mit dem Resultat der Vermischung zwischen Genauigkeit des wissenschaftlichen Ansatzes und Harmonie und Schönheit als Wahrheit in der Vorzeichnung.[96]

Damit beendete Leonardo vorerst seine anatomischen Studien, da er das Gefühl hatte, „er verstehe, wie ′Erfahrung′ als Mittler zwischen Kunst und Natur wirken“[97] könne.[98]

3.2 Bereich Zwischenphase

Drei wichtige Geschehnisse charakterisieren diese Zeit, in der er sich vorwiegend wieder in Florenz aufhielt):

Geschehnis I: In diesen zwanzig Jahren entwickelte Leonardo seine Vorstellungen „vom Makrokosmos der Welt“[99]. Diesen nannte er die „Erdenmaschine“[100]. Zu der linearen Perspektive gesellte sich die Farb- und Luftperspektive.

---

[94] Baur, Otto... (Hrsg.). *Leonardo ,* Köln: Hansen, 1984, S.22, Z.23

[95] vgl hierzu: Baur, Otto... (Hrsg.). *Leonardo ,* Köln: F. Hansen, 1984, S.22, Z.27ff

[96] vgl. diese Überlegungen bei: Arasse, D. Leonardo, Dumont, 2002, S.284, Z.11ff

[97] Leonardo.. *Anat....*Hamb. Kunsth. 1979. a.a.O., S.15, Z.14f

[98] auch bei: Baur, Otto... (Hrsg.). *Leonardo ,* Köln: F. Hansen, 1984, S.27, Z.2ff

[99] Leonardo.. *Anat....*Hamb. Kunsthalle 1979. a.a.O., S.15, Z.17

[100] vgl. bei: Leonardo da Vinci. *Anat....*Hamburger Kunsthalle 1979. a.a.O., S.15, Z.17

Auch entwickelte er die Ansicht, „dass ähnliche perspektivische Regeln in der Natur" auf einen Bereich angewandt werden könnten, die Leonardo „als ´die vier Kräfte der Natur´ bezeichnete"[101]:
Diese vier Kräfte der Natur sind: „Bewegung, Gewicht, Kraft und Perkussion (=Schwingung)"[102]. Diese vier Kräfte würden „auf die vier Elemente Erde, Luft, Feuer und Wasser einwirken"[103].

Aufgrund der fehlenden Raumausbreitung (keine der vier Kräfte nimmt einen Raum ein), bezeichnete Leonardo diese Kräfte als „geistige" Energieformen. Und diese würden „sich in Bewegung oder Änderung manifestieren"[104]. Nach zahlreichen Experimenten „mit Rollen, Hebeln, Spiegeln, Linsen und insbesondere mit Wasser" schlussfolgerte Leonardo, „dass diese Kräfte in einer perspektivischen oder ´pyramidenförmigen´ Weise" wirken würden. Hierzu schrieb in seinem *Codex Atlanticus*: „Alle Kräfte der Natur müssen als pyramidisch bezeichnet werden".[105] Daher nannte er das Gesetz das Pyramidengesetz.[106]

Welche Folgen hatte dies aber für Leonardos Beschäftigung mit dem Menschen? Er wandte seine „Regeln der Mechanik auf die Bewegungen des Menschenkörpers als Ganzes an"[107]: Und zwar auf des-

---

[101] alle bei: Leonardo da Vinci. *Anat....*Hamburger Kunsthalle 1979. a.a.O., 1979, S.15, Z.20ff
[102] Leonardo da Vinci. *Anat....*Hamburger Kunsthalle 1979. a.a.O., S.15, Z.22; auch vgl. Baur, Otto... (Hrsg.). *Leonardo ,* Köln: F. Hansen, 1984, S.27, Z.12
[103] Leonardo. *Anat....*Hamb. Kunsthalle 1979. a.a.O., 1979, S.15, Z.23
[104] vgl. Zitat zuvor und dieses direkte Zitat bei: Leonardo da Vinci. *A-nat....*Hamburger Kunsthalle 1979. a.a.O., S.15, Z.23ff
[105] Alle drei vorherigen Zitate bei. Leonardo da Vinci. *Anat....*Hamburger Kunsthalle 1979. a.a.O., S.15, Z.25ff
[106] vgl. bei: Baur, Otto (Hrsg.). *Leonardo,* Hansen, 1984, S.27, Z.15f
[107] Leonardo da Vinci. *Anat....*Hamb. Kunsthalle 1979. a.a.O., S.15, Z.30f

sen Schwerpunkt, auf das Gehen, das Laufen und dem Schwimmen.[108]

Geschehnis II: Etwa um 1495 freundete sich Leonardo mit dem Mathematiker *Luca Pacioli* an[109], unter dessen Einfluss sich Leonardo noch stärker mit der Geometrie beschäftigte und zu dem Schluss kam, „dass Geometrie der Schlüssel zur Interpretation der Natur" sein würde[110]. Und diese Natur nun Schloss auch „die Wirkung der ′vier Kräfte′ innerhalb des Körpers von Mensch und Tier" mit ein.[111] Bis etwa 1506 arbeitete er mit ihm zusammen[112].

Geschehnis III: In dieser Zeit lernte Leonardo „die italienische Übersetzung von Mondinos Lehrbuch über das Sezieren des menschlichen Körpers"[113] kennen, die 1493 in die italienische Sprache übersetzt wurde (entstand um 1316). Mondino, der im 14. Jahrhundert lehrte, erlangte auch deshalb Berühmtheit, weil er vom „Katheder herunterstieg und Sektionen eigenhändig ausführte"[114]. Wobei aber dessen Buch noch keine Abbildungen enthielt und sich noch stark auf *Galens* Ansichten stützte.[115]

---

[108] viele Studien darüber würden sich in seinem Traktat der Malerei befinden, vgl. bei: Leonardo da Vinci. *Anat....*Hamburger Kunsthalle 1979. Gütersloh: Prisma Verlag, 1979, S.15, Z.31ff

[109] vgl. bei: Baur, Otto(Hrsg.).*Leonardo,* Hansen,1984,S.27, Z.16ff

[110] diese Aussagen bei: Leonardo da Vinci. *Anat....*Hamburger Kunsthalle 1979. Gütersloh: Prisma Verlag, 1979, S.15, Z.34ff

[111] vgl. bei: Leonardo da Vinci. *Anat....*Hamburger Kunsthalle 1979. a.a.O., S.15, Z.38f; auch bei: Baur, Otto... (Hrsg.). *Leonardo ,* Köln: F. Hansen, 1984, S.27, Z.19ff

[112] vgl. Baur, Otto (Hrsg.). *Leonardo ,* Hansen, 1984, S.27, Z.17

[113] Baur, Otto (Hrsg.). *Leonardo ,* Hansen, 1984, S.27, Z.22ff

[114] Baur, Otto (Hrsg.). *Leonardo ,* Hansen, 1984, S.27, Z.25ff

[115] vgl. bei: Baur, Otto (Hrsg.). *Leonardo ,* Hansen, 1984, S.27, Z.29ff

3.3 Die Phase von 1504-1509 und das Programm von 1509

Kennzeichen der mittleren Phase und Fortgang der Studien

Vermutlich bei Besuchen in einem Spital (*Santa Maria Nuova* in Florenz), bei dem er sich über den „süßen Tod" eines etwa Hundertjährigen wunderte und sich daranmachte, diesen Tod mit Hilfe von anatomischen Zeichnungen zu beschreiben[116], kehrte Leonardo zu

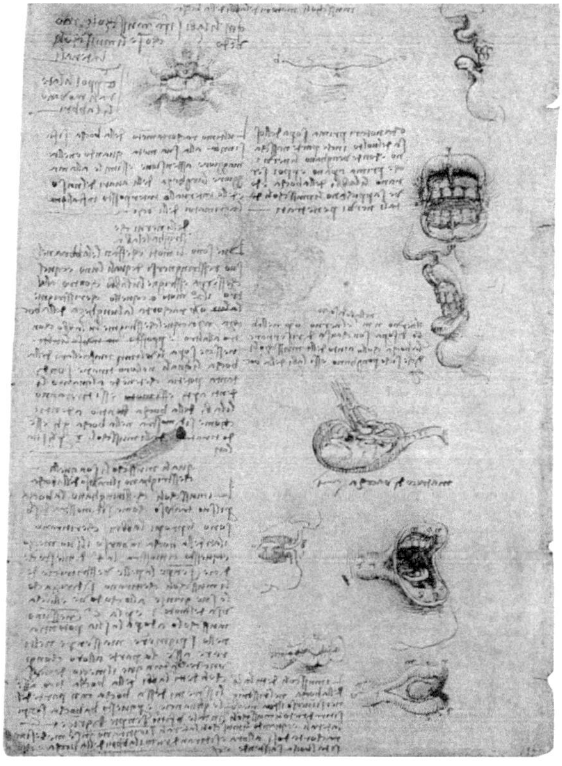

Abb. 10

[116] vermutlich war dies seine erste Sektion; die Aussagen vgl. bei Leonardo da Vinci. Anat. .Hamburger Kunsth. 1979. a.a.O., S.15f, Z.40ff

dem Bereich der Anatomie verstärkt zurück.[117] In seinem späteren Leben betonte Leonardo, er habe über dreißig Leichname sezieren können.[118] Es ist übrigens bekannt, dass er nicht nur Menschen sezierte, „sondern auch zahlreiche Tiere [... wie] Frosch, Schwein, Hund, Pferd, Esel und Kuh“[119].

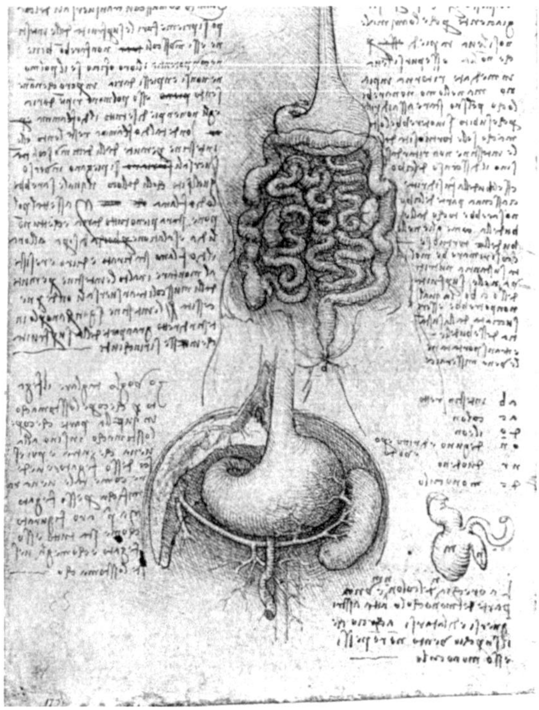

Abb. 11

---

[117] weitere Gründe, weshalb Leonardo zur Anatomie zurückkehrte (z.B. die besondere Freiheit der Wissenschaft in Florenz usw.), vgl. bei: Clark, K. *A catalogue of the drawings* a.a.O.. Cambridge: University Press, 1935

[118] diese Aussage bei. Leonardo da Vinci. *Anat....*Hamburger Kunsthalle 1979. a.a.O., S.17 Z.29f; auch bei: Heydenreich, Ludwig Heinrich. *Leonardo da Vinci.* Basel: Holbein-Verlag, S.136, Z.22ff

[119] Baur, Otto (Hrsg.). Leonardo, Hansen, 1984, S.23, Z.6ff

Zahllose Beobachtungen am sezierten Körper

Im Gegensatz zu den frühen Phasen stützen sich die „anatomische[n] Zeichnungen der Reifezeit auf zahllose Beobachtungen am sezierten Körper“[120]. Hier dominieren vor allem neuere Studien über spezifische Probleme, so beispielsweise über die Muskulatur des Mundes (vgl. Studie zu Bewegungen des Mundes und der Lippen auf Abb. 10), des Verdauungsapparats (vgl. Abb. 11, die den Magen und die Eingeweide darstellen oder auch Abb. 12, die zusätzlich die Physiologie der Niere und der Blase aufzeigt) oder der Hand (vgl. Sektion Abb. 13) – in dieser Phase sind Bilder wichtiger als Worte. Leonardo trug sich zeitweise auch mit dem Gedanken, „ein anatomisches Modell des Menschen zu machen, wie eine Notiz“ andeutet[121]. Doch auch hier zeigt sich, dass Leonardo auch zu diesem Zeitpunkt „von einem genauen Verständnis der Funktionen und der Interaktion der Organe noch weit entfernt“[122] gewesen war.

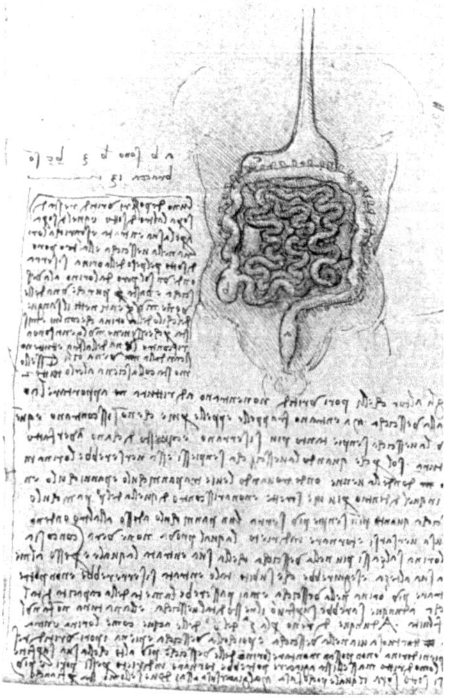

Abb. 12

Etwa „Ende 1509 oder Anfang 1510“[123] notierte Leonardo auf einem seiner

[120] vgl. Zöllner/ Nathan. Leonardo, a.a.O., S.401, 1.Spalte, Z.37f
[121] vgl. Zöllner/ Nathan. *Leonardo*, a.a.O., S.401, 1.Spalte, Z.40ff
[122] vgl. Zöllner/ Nathan. *Leonardo*, a.a.O., S.401, 1./2.Spalte,Z.48ff
[123] vgl. Zöllner / Nathan. *Leonardo*...i, a.a.O., S.401, 2.Spalte, Z.6

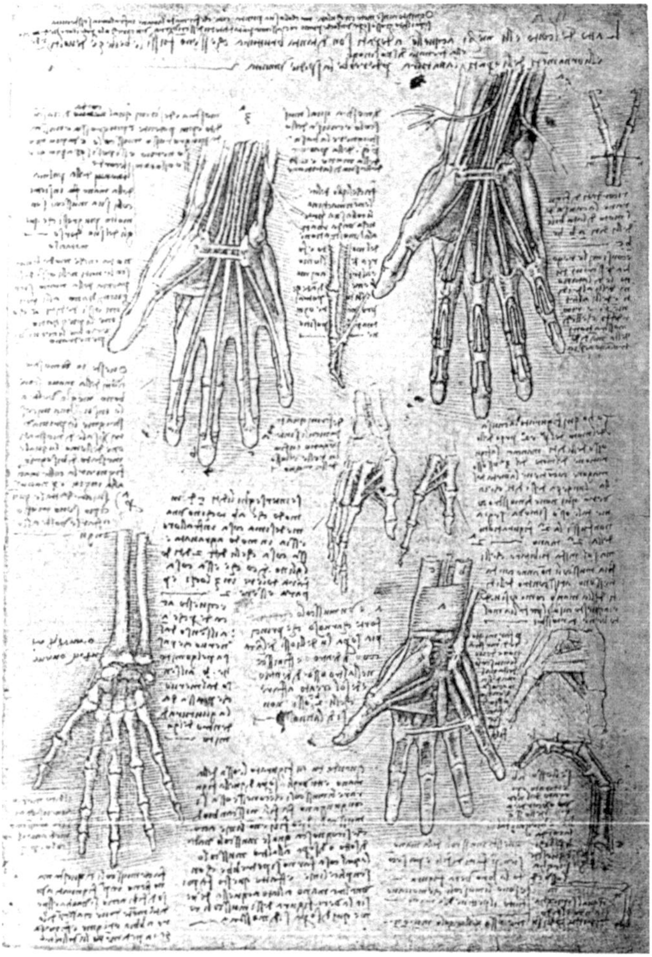

Abb. 13

Studienblätter, dass er im laufenden Winter hoffe, die Anatomie abschließen zu können[124], seit 1508 befindet er sich wieder in Mailand, bis 1513.

---

[124] vgl. Zöllner/ Nathan. Leonardo, a.a.O., S.401, 2.Spalte, Z.8

Das Programm aus der mittleren Phase

Seine Begabung für die Anatomie beschrieb Leonardo in einem Text, der auf K/P 113 r, RL 19070v festgehalten wurde:[125] Diese Aufzeichnungen werden von Kommentatoren als „unschätzbare Noti-

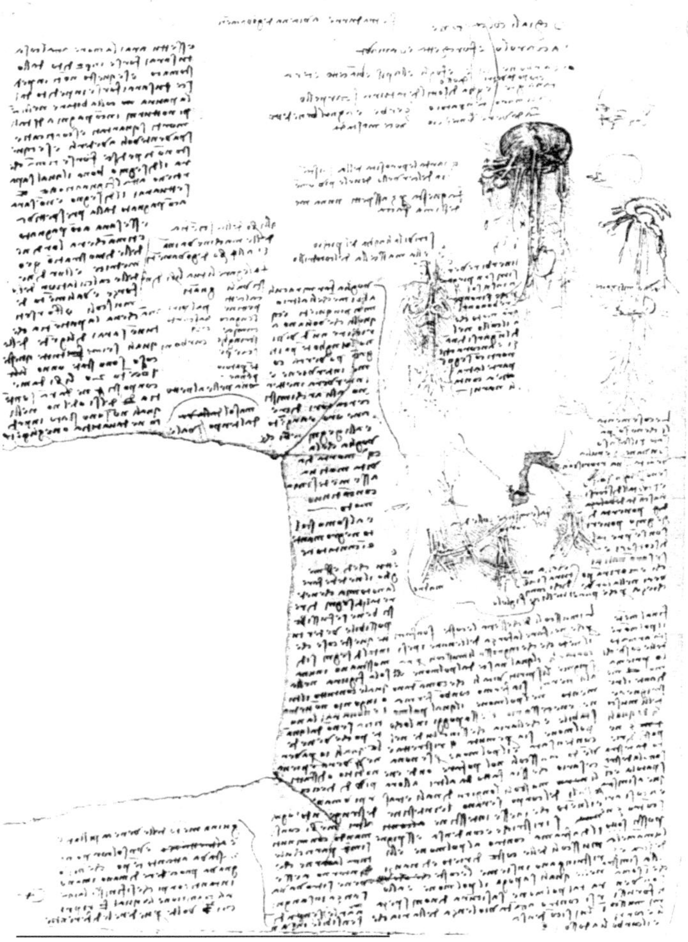

Abb. 14

[125] zitiert bei: Leonardo da Vinci. *Anat*....Hamburger Kunsthalle 1979. a.a.O., S.19 Z.6ff

zen" bezeichnet: Sie sind neben ein herausgerissenes Stück herum geschrieben und Leonardo hebt hier „die Rolle hervor, die Geometrie, Körperkraft und Perspektive in seiner Anatomie spielen"[126] würden. Auf dem Blatt sind ferner Zeichnungen vom Gehirn und des Nervensystems zu sehen.[127] (Abb.14).

> *Du, der du sagst, es sei besser, bei einer anatomischen Vorführung zuzusehen als diese Zeichnungen zu betrachten, wärest im Recht, wenn es möglich wäre, alle Einzelheiten zu beobachten, die in diesen Zeichnungen in einer einzigen Figur gezeigt sind, in denen du mit all deinem Geschick nicht mehr sehen noch mehr Wissen ansammeln wirst als von einigen Adern... Und da ein Körper allein nicht für eine genügend lange Zeit hinreichend war, war es notwendig, in Schritten vorwärts zu gehen mit so vielen Körpern, bis mein Wissen vollständig sei; und das wiederholte ich zweimal, um die Unterschiede zu entdecken.*
>
> *Aber obwohl aufs äußerste von dem Gegenstand angezogen, magst Du vielleicht durch den natürlichen Widerwillen abgehalten sein, oder wenn dich das nicht hindert, dann vielleicht durch die Furcht, die Nachtstunden in der Gesellschaft dieser viergeteilten, abgezogenen und schrecklich anzusehenden Leichname zu verbringen. Und wenn dich das nicht abschreckt, dann mangelt es dir vielleicht an zeichnerischem Geschick, das wesentlich für eine solche Darstellung ist; und selbst wenn du diese Fertigkeit besitzest, ist sie möglicherweise nicht vereint mit den Kenntnissen der Perspektive, wohingegen, falls sie doch so vereint ist, du vielleicht nicht geübt bist in den Methoden der geometrischen Darstellung, oder in den Methoden, die Kräfte und die Leistung der Mus-*

[126] Notiz auf dem Übersetzungsblatt bei K/P

[127] vgl. Clayton, Martin; Philo, Ron. *Leonardo da Vinci. The anatomy of man.* Houston (Texas): Houston Museum of fine Arts, 1992, S.76, Z.Fig.20

keln einzuschätzen; oder es fehlt dir vielleicht an Geduld, so dass du nicht sorgfältig sein wirst.

Was alle diese Dinge betrifft, ob oder ob nicht sie alle in mir gefunden wurden, die einhundertzwanzig Bücher, die ich verfasst habe, werden ihr Urteil sprechen: ja oder nein. Dabei wurde ich weder von Habgier noch Nachlässigkeit behindert, sondern nur von Mangel an Zit. Lebewohl!

Leonardo stellt in dieser Ansicht eine Art „praktische Anatomie“[128] dar und stellt folgende Prämissen auf, die gleichzeitig auch seine bisherigen Kenntnisse darstellen:

1. Er stellt in Frage, ob die reine Beobachtung besser sei als ein Sezieren der Leiche. Der Grund liegt in der Vermischung der verschiedenen Perspektiven, die beim Beobachten nicht möglich ist, aber in Zeichnungen eine größere Wissensvermittlung möglich macht.
2. Genaue Übung im Umgang mit Leichen.
3. Ein natürlicher Widerwillen vor dem Tod (dem Leichnam) muss überwunden sein, man muss sich überwinden, den Leichnam zu sezieren (Ekelaspekt).
4. Der zeichnerische Aspekt muss erfüllt werden können.
5. Die zeichnerische Fähigkeit muss sich mit den Kenntnissen über die Perspektive vereinen.
6. Man muss eine Übung bei der Darstellung haben.
7. Man muss geübt sein mit den Methoden der geometrischen Darstellung.
8. Man muss geübt sein in den Methoden, die Kräfte und Leistung der Muskeln einzuschätzen.
9. Man muss geduldsam sein.
10. Man muss sorgfältig arbeiten.

---

[128] vgl. Keele, Kenneth D. *Leonardo da Vinci's elements of the science of man.* New York/ London: Academic Press, 1983, S.204, 2. Spalte, Z.5

Es ist auffallend, dass Leonardos Zeichnungen in dieser mittleren Phase mehr vermitteln wollen als die reine Sektion: Denn *zusätzlich* erfolgt eine Interpretation des Dargestellten. Ein Unterschied zu 1489 liegt darin, dass dort der gesamte Mensch mit den Zielen des Künstlers verbunden ist, wobei nun nicht mehr so sehr die Künstlerschaft im Vordergrund steht, sondern es geht hier zentral um die Wissenschaft.

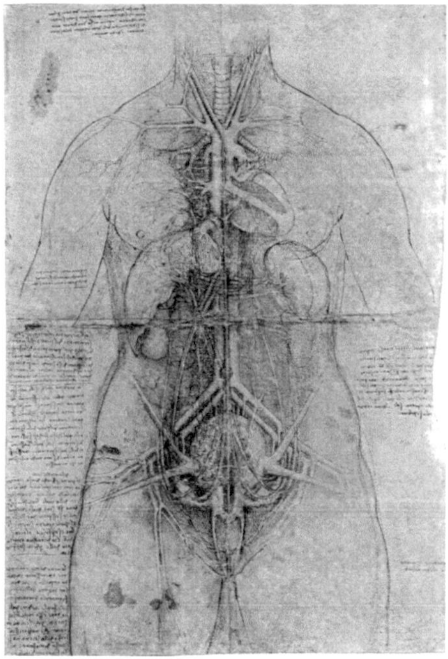

Abb. 15

Ein Fortschritt, den Leonardo nach mehr als zehn Jahren gemacht hat, lässt sich beispielsweise gut darstellen zwischen der Abb. 4 und der Abb. 15: In dieser Studie werden einige Ungenauigkeiten überwunden, so zeigen sich eigene Beobachtungen durch die verhältnismäßig genaue Beschreibung von Form und Größe der Nieren, der Milz, der Leber. Gerade in diesem „Forschungsprogramm" der mittleren Phase wird die Hinkehr zu mehr Wissenschaft und die Genauigkeit der Bewältigung anatomischer Beschreibungssaufgaben deutlich – gerade die präzise Aufzählung dessen, was von eine angemessene Darstellung anatomischer Besonderheiten des Menschen an Wissen und zeichnerischer Kompetenz notwendig erscheint, deutet darauf hin.
Es ist anzunehmen, dass der Text größtenteils der Vorbereitung zur Publikation dient, die deutliche Polemik gegen Habgier und Nachlässigkeit deutet auf eine Kritik gegen die Ärzteschaft hin.

3.4 Die Phase ab 1510 und das Programm von 1510/11

Kennzeichen der späten Phase

Zu anatomischen Studien zurückgekehrt, nutzt Leonardo seine Erkenntnisse, die er Jahre zuvor erlangte und „konzentrierte [...] seine Aufmerksamkeit auf die Bewegungen im Körper des Menschen“[129]. Es wird die Dominanz eines analytischen Ansatzes deutlich. Diese Auffassungen sind festgehalten auf dem Blatt K/P 153r (RL 19060 r), wobei er daneben eine Zeichnung des Kreislaufs von Mutter und Fetus darstellte[130]:

> *Wenn die Natur Tieren ohne mechanische Instrumente keine Bewegung verleihen kann, ist von mir in diesem Buch über Funktionen der Bewegung bewiesen, die die Natur in den Tieren geschaffen hat. Aus diesem Grund habe ich die Regeln der vier Kräfte der Natur zusammengestellt, ohne die an keiner Stelle in diesen Tieren eine Bewegung sein kann, und wie diese Bewegung erzeugt jede dieser anderen drei Kräfte und erzeugt wird sie durch sie...Zunächst werden wir sagen, dass jede unbewusste lokale Bewegung von einem bewussten Beweger erzeugt wird, genauso wie bei einer Uhr das Ge gengewicht vom Menschen angehoben wird, der ihr Beweger ist.*[131]

So gibt Leonardo bei der Darstellung der Anatomie einer Hand die Anweisung: *Lass das Buch über die Elemente und Praxis der Mechanik vorausgehen der Demonstration von der Bewegung und Kraft*

---

[129] Leonardo. *Anat....*Hamb. Kunsthalle 1979. a.a.O., S.16 Z.23f

[130] vgl. bei: Leonardo d.Vinci. *Anat...*Hamb. Kunsth.,1979,a.a.O.,S.16 Z.24ff

[131] dieses Zitat entnommen aus: Leonardo da Vinci. *Anat....*Hamburger Kunsthalle 1979. a.a.O., S.16 Z.27ff; es steht auf dem Blatt K/P 153r (RL 19060 r)

des Menschen und anderer Tiere; wodurch du befähigt wirst, alle deine Behauptungen zu beweisen.[132]

Welche Komponenten stellen das Bemerkenswerte an seinen anatomischen Zeichnungen zu diesem Zeitpunkt dar?

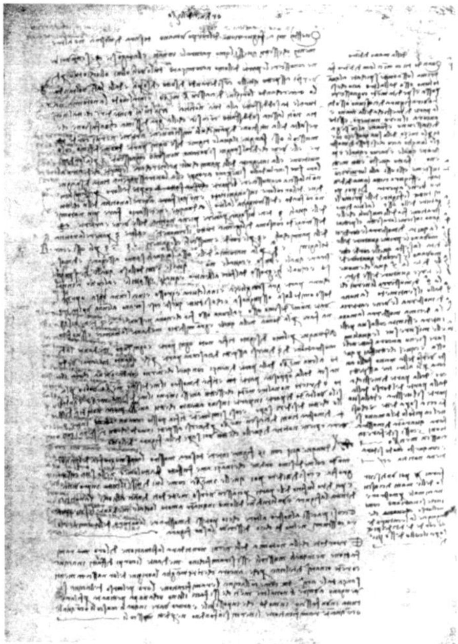

Abb. 16

Vor allem die Darstellung eines dreidimensionalen Objekts in einer zweidimensionalen Darstellung gelingt ihm durch geschickte perspektivische Verkürzung. Darüber hinaus ruft er durch zarte Schraffierungen von Licht und Schatten die Illusion eines Reliefs hervor. Gleichzeitig beharrt er auf Wiedergabe aller Teile von vorne, von hinten und von der Seite, also von drei Ansichten. Auch zeigt er eine erstaunliche Fähigkeit, „die Mechanik der Bewegungen von Gelenken und Muskeln zu illustrieren“[133]

Ein Text, der beschreibt, mit welcher Aufmerksamkeit Leonardo versucht hat, „seine Technik der anatomischen Illustration weiter zu

132 bei: Leonardo da Vinci. *Anat....*Hamburger Kunsthalle 1979. a.a.O., S.16 Z.36ff

133 diese Aussagen bei: Leonardo da Vinci. *Anat....*Hamburger Kunsthalle 1979. a.a.O., S.17 Z.2ff

entwickeln“, ist auf *154recto* zu lesen (K/P 154r, RL19061r)[134] (Abb.16):

[I] Ordnung des Buches

Dieser mein Plan des menschlichen Körpers wird vor dir ausgebreitet, gerade als hättest du den Menschen in natura vor dir. Der Grund ist, dass, wenn du die anatomischen Teile des Menschen gründlich kennen lernen willst, du entweder ihn drehen musst oder dein Auge, um ihn von verschiedenen Ansichten zu untersuchen, von unten, von oben und von den Seiten, ihn dabei umdrehen um den Ursprung jedes Teiles untersuchen; und auf diese Art wird deine Kenntnis der natürlichen Anatomie zufrieden gestellt. Aber du musst verstehen, dass solches Wissen dich nicht dauernd zufrieden stellen wird wegen der sehr großen Verwirrung, die entsteht aus der Vermischung von Häuten mit Venen, Arterien, Nerven, Sehnen, Muskeln, Knochen und Blut, das selbst jeden Teil mit der gleichen Farbe tönt, wobei die von diesem Blut geleerten Gefäße nicht erkennbar sind, wegen ihrer verminderten Größe. Und die Unversehrtheit der Häute wird zerstört bei der Suche nach jenen Teilen, die von ihnen umschlossen sind, und ihre mit Blut befleckte Transparenz lässt dich nicht die von ihnen bedeckten Teile erkennen wegen der von Blut befleckten Farbe, und du kannst kein Wissen von dem einen erlangen, ohne verwirrt zu werden und das andere zu zerstören.

Deshalb ist es notwendig, mehrere Sektionen durchzuführen; du brauchst drei, um dir volles Wissen von den Venen und Arterien anzueignen, und wirst alles übrige mit größtem Eifer zerstören; und weitere drei, um Kenntnis von den Membranen zu erhalten, und drei für die Sehnen, Muskeln und

[134] dieser Text zitiert bei: Leonardo da Vinci. *Anat.*...Hamburger Kunsthalle 1979. a.a.O., S.17 Z.9ff

Bänder, drei für die Knochen und Knorpel und drei für die Anatomie der Knochen, die durchgesägt werden müssen, um zu zeigen, welcher hohl ist und welcher nicht, welcher voller Mark ist und welcher schwammig und welcher kompakt ist von außen nach innen und welcher porös. Und einige sind sehr dünn an einer Stelle und dick an einer anderen; und ein anderer Teil des Knochens ist hohl oder voller Mark oder schwammig. So können all diese Dinge manchmal in ein und demselben Knochen gefunden werden, und in einigen Knochen ist vielleicht nichts davon. Und drei müssen von einer Frau gemacht werden, in der es ein großes Geheimnis gibt wegen ihres Schoßes und seiner Frucht.

Deshalb wirst du durch meinen Plan jeden Teil und jedes Ganze durch die Darstellung dreier verschiedener Ansichten jedes Teiles kennen lernen, denn wenn du jeden Teil von vorn gesehen hast, mit diesen Nerven, Sehnen und Venen, die aus der Seite vor dir entspringen, wird dir der gleiche Teil zur Seite oder auf den Rücken gedreht gezeigt, so als hieltest du eben diesen Teil in der Hand und drehtest ihn von einer Seite zur anderen herum, bis du vollständiges Wissen davon erlangt hättest, was du wissen willst. Und so werden auf ähnliche Weise drei oder vier Darstellungen jedes Teiles aus verschiedenen Blickwinkeln auf solche Art vor dir ausgebreitet, dass du wahres und vollständiges Wissen all dessen erhältst, was du über die Gestalt des Menschen wissen willst.

[II]
Deshalb wird die Kosmographie der kleineren Welt [Mikrokosmos] dir hier vollständig in 15 Abbildungen in der gleichen Reihenfolge gezeigt, wie sie Ptolemäus vor mir in seiner Kosmographie verwandte. Und deshalb werde ich die Teile, wie er das Ganze aufteilte, in Provinzen aufteilen, und dann werde ich die Funktion der Teile von jeder Seite beschreiben und Euch das Wissen der ganzen Gestalt und Stär-

ke des Menschen insoweit vor Augen führen, als er räumliche Bewegung durch seine Teile besitzt. Und wäre es so, dass es uns unserem Schöpfer gefiele, dass ich im Stande wäre, die Natur des Menschen und seine Sitten auf die Art darzustellen, wie sich seine Gestalt beschreibe.

[III]
Und ich erinnere dich daran, dass dir die Anatomie der Nerven beim Gebrauch von Körpern, die in fließendem oder kalkhaltigem Wasser eingeweicht werden, nicht die Lage ihrer Verästelungen offenbart, noch, in welche Muskeln sie sich verzweigen, weil, obwohl du dir die Ursprünge ihrer Ableitungen ohne dieses Wasser wie auch mit ihm verschaffen kannst, ihre Verzweigungen sich durch den Fluss des Wassers vereinen, so wie Flachs oder Hanf, zum Spinnen gehechelt, zu einem einzigen Bündel wird solche Art, dass es unmöglich ist, wieder festzustellen, auf welche Muskeln sich die Nerven verteilen oder mit welchen oder wie vielen Verzweigungen sie in die besagten Muskeln eindringen.

[IV] Über die Hand von innen (...)

Verwendet wurde Feder und braune Tusche, das Blatt hat die Ausmaße 282 x 213 mm.

Die wesentlichen Kennzeichen dieses Textes, der dritten Abhandlung über die menschliche Anatomie, sind folgende:

Der Text stellt eine Einleitung zu seinem anatomischen Buch dar (die kommentierten Texte werden im Übrigen „umso gelehrter […], je genauer die Zeichnungen“[135] sind). Dies zeigt sich gerade in dem Abschnitt vom Beginn bis Ende des Teils, der mit „I“ gekennzeichnet ist:

---

[135] Arasse, D. Leonardo, Dumont, 2002, S.274, Z.8

In diesem beschreibt Leonardo zwei zentrale Probleme: das erste das der „sehr großen Verwirrung", die entstehen würde aufgrund der gewissen Unübersichtlichkeit (Venen, Arterien, Sehnen, Muskeln usw.) auf der Suche nach den Organen, die dargestellt werden sollten, das zweite Problem ist das der „Unversehrtheit der Häute": Diese würden zwangsläufig beim Sezieren zerstört und das entstehende Blut würde die Sicht auf die darzustellenden Teile bzw. Organe beeinträchtigen.

Der dann folgende Abschnitt beinhaltet einen Lösungsvorschlag: Es sei zur Lösung der dargestellten Probleme von Nutzen, wenn man „mehrere Sektionen" durchführen würde. Nachfolgend beschreibt er auch mit Hilfe von sechs Punkten, auf welche Art und Weise diese Sektion durchzuführen sei: Drei Sektionen seien notwendig zur Darstellung der Venen und Arterien, drei zur Erlangung der Kenntnis der Membranen, drei für Teile wie Sehnen, Muskeln und Bänder, ebenfalls drei für die Knochen und Knorpel sowie drei für die Anatomie der Knochen, die durchgesägt werden sollten. Letztlich noch drei Sektionen für die Frau und deren Besonderheit mit der Gebärmutter (Geheimnis der Frau wegen ihres Schoßes und seiner Frucht).

Es ist zu vermuten, dass Leonardo aufgrund seiner Sezierungen die Technik der anatomischen Illustration als Ziel erreichen konnte, betont er doch auch weiter, dass man durch seine Vorgehensweise „wahres und vollständiges Wissen all dessen [...erhalten könne, was man] über die Gestalt des Menschen wissen" wolle. Weiterer Aufschluss darüber ist aber scheinbar nicht möglich, da weitere Studienbücher (die do genannten *libretti*) verloren gingen.[136]

Sehr deutlich wird eine pädagogische Zielsetzung erkennbar[137], wobei diese Zielsetzung auch ein „fiktives Element"[138] zulassen würde.

---

[136] diese wurden dem Großherzog Cosimo II. de Medici in Florenz angeboten, jedoch von diesem abgelehnt, vgl. bei: Leonardo da Vinci. *Anat....*Hamburger Kunsthalle 1979. a.a.O., S.17 Z.30ff

[137] vgl. Zöllner/ Nathan. Leonardo, a.a.O., S.274, 17f

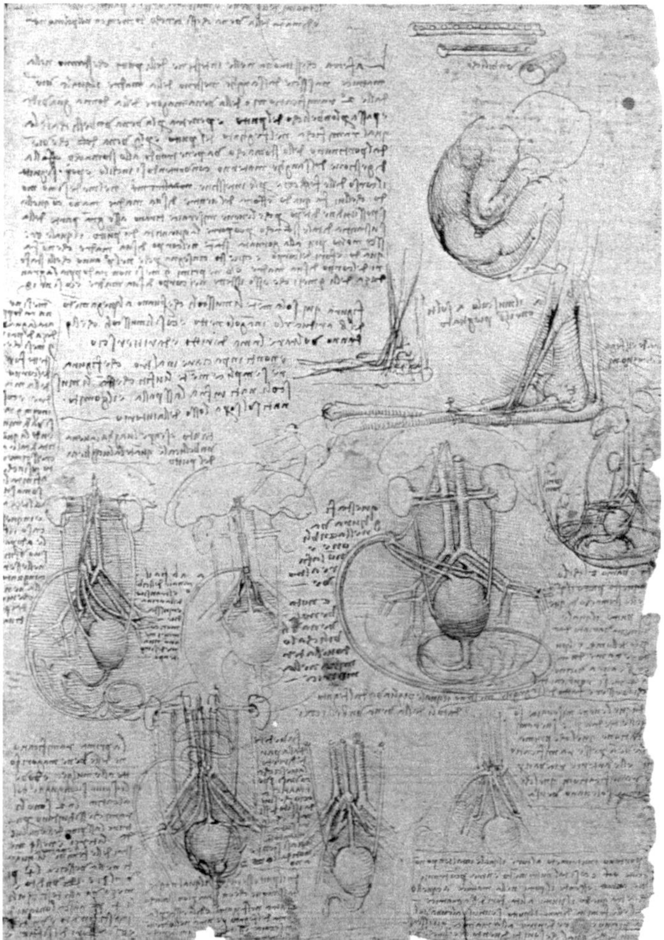

Abb. 17

Weshalb? Die „wissenschaftliche Glaubwürdigkeit einer anatomischen Zeichnung“ beruhe auf einer „Zusammenschau dessen […], was in Wirklichkeit nicht in einer Ansicht gesehen werden“[139] könne.

[138] Arasse, D. Leonardo, Dumont, 2002, S.274, Z.18f
[139] Arasse, D. Leonardo, Dumont, 2002, S.274, Z.19ff

Zeichnen bedeutet nach Leonardo also, die Wahrheit erkennen[140], womit er wiederum auf seine Ansichten rekurriert, die er bereits in seiner ersten Periode entwickelte: Das Problem des Wortes Wissen, als „wahres Wissen“ verstanden bzw. als „Notizwissen“. Im letzten Absatz von „I“ beschriebt Leonardo dass er nun eine Weise der Darstellung gefunden habe, die zu einem „wahren und vollständigen Wissen“ über die Gestalt des Menschen führen könne, was eine Weiterentwicklung zu den Notizen auf *81verso* hindeutet.

Ein Nachteil könnte sich jedoch daraus ergeben, wie Beobachter schreiben, da manche in den Illustrationen liegenden Irrtümer „durch die der Zeichnung zugrunde liegende pädagogische Absicht zu erklären“[141] wären.

Ferner wird in diesem Text deutlich, dass er immer noch mit dem Mikro- und Makrokosmos spielt (unter Teil „II“). In dem Teil „III“ gehen seine Überlegungen zu den Fließbewegungen ein, die er aus Experimenten mit Strömungen des Wassers gewonnen hat.

Teilweise Abkehr von Irrealismus und Dominanz des analytischen Ansatzes

Der Irrealismus Leonardos, wie in der Schädelzeichnung, verschwand in der späten Phase aus den Zeichnungen Leonardos um 1510-1511, da er zu dieser Zeit mit dem Anatomieprofessor *Marcantonio della Torre* von der Universität Pavia zusammenarbeitete[142]. Es erfolgt – vermutlich inspiriert durch diese Zusammenarbeit mit dem Arzt - eine Änderung seiner Methode: es dominiert, wie bereits beschrieben, der analytische Ansatz. Nun gibt es verstärkt eine Zusammenarbeit zwischen Wort und Bild, dem Künstler und Arzt. Der

---

[140] Arasse, D. Leonardo, Dumont, 2002, S.274, Z.28

[141] Arasse, D. Leonardo, Dumont, 2002, S.278, Z.11f

[142] vgl. Zwijnenberg, Robert. *The writings and drawings of Leonardo da Vinci.* a.a.O., 1999, S.153, Z.25ff; auch bei: Arasse, D. Leonardo, Dumont, 2002, S.278, Z.30ff

Mediziner verlangte bei anatomischen Untersuchungen eine „peinlich genaue“ Beobachtung, was sich eben auch in den Zeichnungen Leonardos in dieser Zeit widerspiegelt.[143] Wobei sich nach dem Tod *Toddella Torres'* erneut einige Ungenauigkeiten in Leonardos Zeichnungen wieder finden lassen, so beispielsweise bei der Darstellung des „Herzüberschwitzens des Blutes von der linken in die rechte Herzkammer“[144].

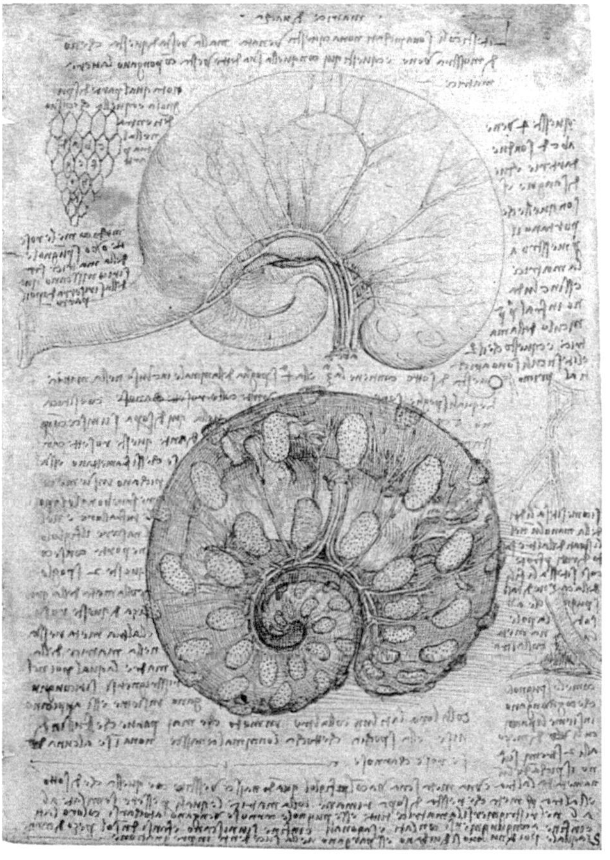

Abb. 18

[143] vgl. Arasse, D. Leonardo, Dumont, 2002, S.278, Z.33ff
[144] vgl. bei: Arasse, D. Leonardo, Dumont, 2002, S.280, Z.1ff

Leonardo beschreibt zeichnerisch beispielsweise einen Fötus, der etwa vier Monate alt ist (Abb. 17): Er zeigt diesen in der „Embryonalstellung“ und versucht auch „in einer Reihe von Einzelstudien [...] den Aufbau der Plazenta zu veranschaulichen“[145]. Doch auch bei diesen „zeichnerisch souveräne[n] Darstellung[en]“[146] in dieser späten Phase fällt auf, dass Leonardo darauf angewiesen war, „seine Beobachtung am Menschen mit Kenntnissen der Tieranatomie zu vervollständigen“[147]. Hierfür ein weiteres Beispiel: Die auf dem Blatt „oben rechts [...] dargestellten, ineinander greifenden Fortsätze (den *Kotyledonen*) fand Leonardo nicht im Menschen, sondern in der Kuh, deren Gebärmutter (mit dem embryonalen Kalb) Gegenstand einer ähnlich vollendeten Studie ist“[148] (Abb. 18).

Darstellung des Herzens und Verbindung mit Tieren

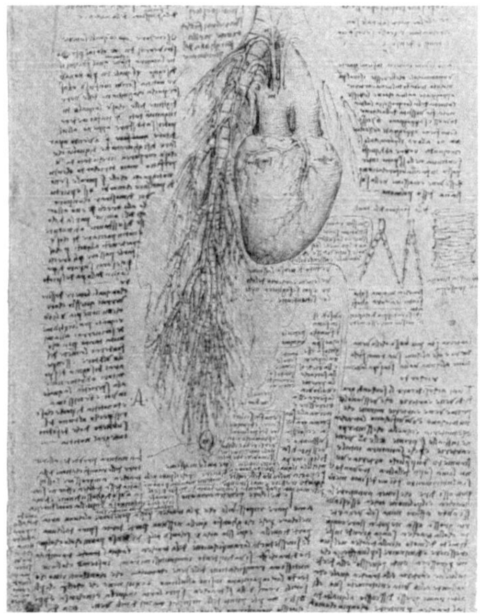

Abb. 19

Besondere Aufmerksamkeit in seinem Spätwerk schenkte Leonardo gerade auch der Beschaffenheit des Herzens[149]. Sehr schön wird auf Abb. 19 die Aorta und werden die Bronchialarterien gezeigt.

[145] vgl. Zöllner/ Nathan. *Leonardo*, a.a.O., S.401, 2.Spalte, Z.15ff
[146] vgl. Zöllner/ Nathan. *Leonardo*, a.a.O., S.401, 2.Spalte, Z . 17f
[147] vgl. Zöllner/ Nathan. Leonardo, a.a.O., S.401, 2.Spalte, Z.20f
[148] vgl. Zöllner/ Nathan. Leonardo, a.a.O., S.401, 2.Spalte, Z.22ff
[149] vgl. Zöllner/ Nathan. Leonardo, a.a.O., S.401, 2.Spalte, Z.28ff

Aber auch hier galt, dass Leonardo in diesem Fall vermutlich ebenfalls die Anatomie des Rindes wiedergegeben hat (wie bei dem Ochsenherz, Abb. 20). Doch war da Vinci der Ansicht, „dass gewisse anatomische Beobachtungen – beschrieben wird hier die „Verfeinerung“ des Blutes durch einen komplizierten Prozess der Osmose zwischen den Herzkammern – auf Mensch und Tier gleichermaßen zutreffen“ würden[150].

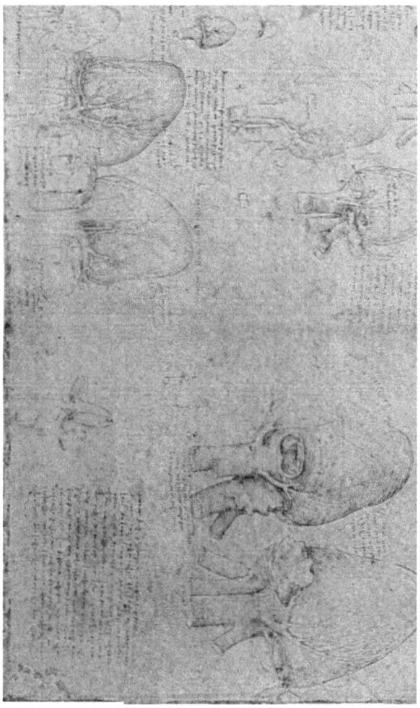

Abb. 20

Ein weiterer Hinweis für die Verbindung zwischen Mensch und Tier: Seine Studien zeigen auch direkte Vergleiche auf, etwa wenn er das Knochengerüst des menschlichen Beins darstellt neben dem eines Pferdes[151]. Aber die genaue Zuordnung zum Mensch oder Tier fällt schwer.[152]

Bedenkt man aber Leonardos Wunsch, anatomische Darstellungen von bestimmten, Außen für den Beobachter nicht sichtbaren Prozessen als eine Art Analogie zu begreifen[153], so erscheint es ihm möglicherweise unbedeutend, ob es sich um ein Tierorgan oder beispielsweise ein (ähnliches) Herzorgan handelte, solange er die für ihn wahren Prozesse mit Hilfe seiner Zeichnungen veranschaulichen konnte.

---

[150] vgl. Zöllner/ Nathan. Leonardo, a.a.O., S.401, 2.Spalte, Z.31ff

[151] vgl. vgl. Zöllner/ Nathan. Leonardo, a.a.O., S.401, 2.Spalte, Z.40ff

[152] vgl. hierzu die Anmerkungen von Keele, bei: Baur, Otto... (Hrsg.). *Leonardo* , Köln: F. Hansen, 1984, S.23, Z.8ff

[153] vgl. Arasse, D. Leonardo, Dumont, 2002, S.280, Z.4

In jedem Falle konnte er in seinen späten Studien, auch anhand des Herzens, seine Grundidee der „Sichtbarmachung der funktionellen Kräfte im lebenden Organismus“[154] veranschaulichen. Im Übrigen auch zu dessen Versuch wie bei *81verso* geschrieben, sich auf eine Art und Weise mit der Empfängnis des Menschen zu beschäftigen, die ihm zuvor so noch nicht möglich gewesen ist.

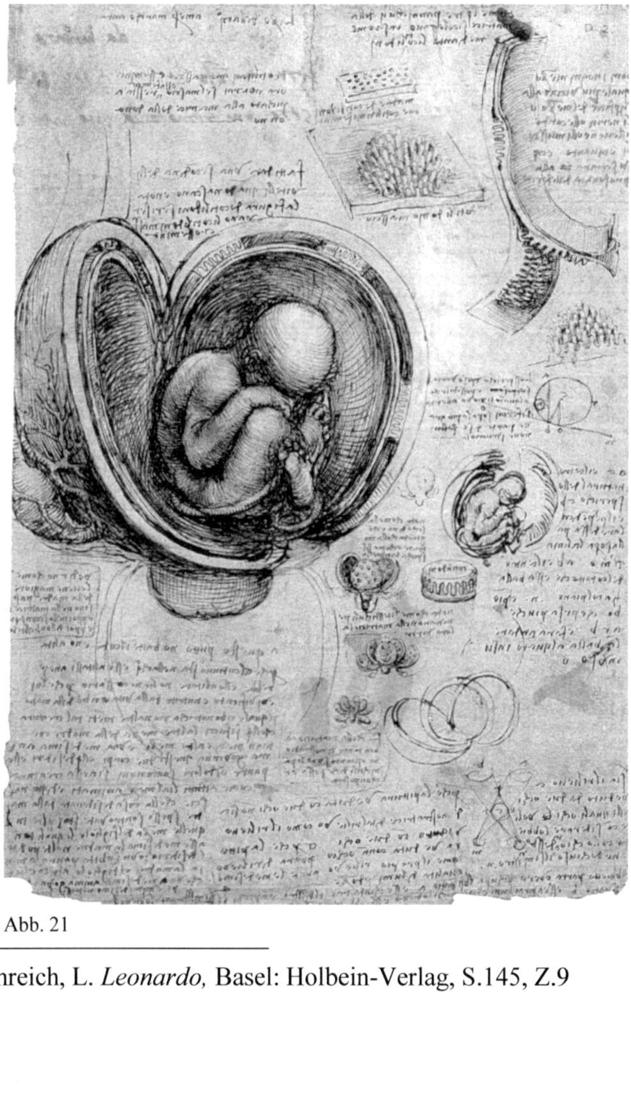

Abb. 21

[154] Heydenreich, L. *Leonardo,* Basel: Holbein-Verlag, S.145, Z.9

Hierzu passt ein Beispiel aus einer Serie von embryologischen Studien, die nach 1510 entstanden sind und vermutlich zwischen 1511 und 1514 weitergeführt wurden:

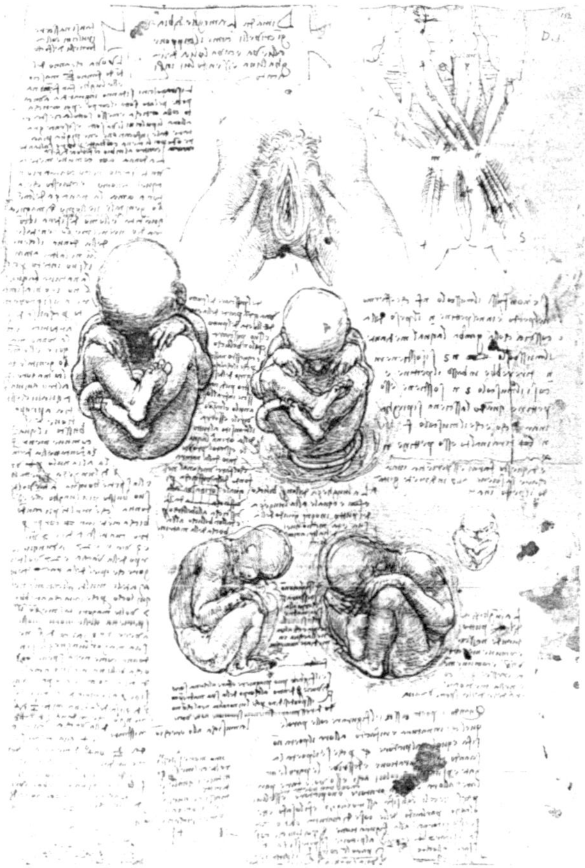

Abb. 22

Es wird deutlich, dass seine Zeichnungen zwar fehlerhaft sind, d.h. nach Ansicht von Fachleuten gravierende Fehler aufweisen würden, aber Leonardos Analogieprinzip deutlich würde: Leonardo führt in Abb. 21 einen Fötus in den Uterus eines Rindes ein (vom Typ „cotyledonaria“ anstelle des Typs „discoidalis“), die Zeichnung zeige also ein „genetisches Monstrum“.[155] Aber gleichzeitig ist die Stellung des Embryos, dessen Lage der Nabelschnur anatomisch so genau wiedergegeben, dass diese Darstellungen teilweise noch heute Aufnahme in anatomischen Büchern zu diesem Problem finden.[156]

Abb. 22 zeigt äußere weibliche Genitalien und fünf Ansichten des Fetus im Schoss, auch hier befasst er sich mit der Länge und Lage der Nabelschnur.

Wie weit allerdings Leonardos Phantasien auch gehen konnten, zeigt seine Darstellung über die inneren Organe der Frau, die seiner Phantasie entsprangen.[157]

---

[155] vgl. bei Arasse, Daniel. *Leonardo,* Köln: Dumont, 2002, S.280, Z.14ff
[156] vgl. Heydenreich, Ludwig Heinrich. *Leonardo*.... Basel: Holbein-Verlag, S.145, Z.18ff
[157] Arasse, D. Leonardo, Dumont, 2002, S.280, Z.23ff

3.5 Verhältnis zwischen Schrift und Sprache

Von Leonardo, der neben seinen Gemälden und Handzeichnungen „in sehr großem Umfange schriftliche Aufzeichnungen verschiedenster Art“ hinterlassen hat, sind eine Reihe von Merkbüchern (etwa noch neunzehn davon sich vorhanden) und etliche Einzelblätter (dies sind etwa 3500 als echt einzustufende Blätter) erhalten geblieben, vermutlich ging aber im Laufe der Jahrhunderte etliches zugrunde.[158] In seine Merkbücher trug Leonardo „flüchtige Skizzen, alltägliche Aufzeichnungen, aber auch wissenschaftliche Beobachtungen“ ein.[159] Zu seinen Einzelblättern, die in der Welt verteilt sind, gehört beispielsweise auch der *Codex Atlanticus*[160].

In dem schriftlichen Nachlass, der als Grundlage für die Kenntnis über das Denken und Wissen Leonardos herangezogen wird, finden sich biographische Skizzen („tagebuchartige Vermerkungen, Abrechnungen, Briefentwürfe, Auszüge[n] aus Gelesenem“[161]) sowie seine künstlerischen und wissenschaftlichen Studien.

Ungewöhnlich erscheint die von Leonardo verwendete Spiegelschrift – nur selten findet sich die rechtsläufige Schrift.[162] Als Begründung wird genannt, dass Leonardo Linkshänder war und die Spiegelschrift

---

[158] vgl. Heydenreich, L.H.. *Leonardo.* Berlin: Rembrandt-Verlag, o.J., S.177, Z.4ff

[159] vgl. dieses Zitat bei: Heydenreich , Ludwig Heinrich. *Leonardo.* Berlin: Rembrandt-Verlag, o.J.S.178, Z.2ff

[160] vgl. Heydenreich, Ludwig Heinrich. *Leonardo.* Berlin: Rembrandt-Verlag, o.J., S.178, Z.12ff

[161] Heydenreich , Ludwig Heinrich. *Leonardo.* Berlin: Rembrandt-Verlag, o.J., S.178, 21f

[162] vgl. Heydenreich, Ludwig Heinrich. *Leonardo.* Berlin: Rembrandt-Verlag, o.J., S.178, Z.23ff

insofern eine natürliche Schreibweise darstellen würde.[163] Ob er sie gleichfalls auch als eine Art Geheimschrift ansah, bleibt fraglich.[164]

Unter anderem ist in seinen Schriften bemerkenswert, dass er dem „Bild in der Abfolge der Herstellung den Vorrang gegenüber der Schrift“[165] gab: Die Texte werden entsprechend dem Bild untergeordnet, zur Klärung der Sachverhalte[166], werden aber auch betrieben, um eine Art inneren Dialog einzuleiten, mit seinen Vorgängern, Gegner oder Kollegen.[167] Da Leonardo ein wesentlich produktiverer Schreiber als Maler war, lag im Schreiben für ihn möglicherweise auch ein größeres Befriedigungspotential.[168] Auch unter dem Aspekt, dass Leonardos italienische Muttersprache als „außerordentlich reichhaltig“ bezeichnet werden kann.[169] Da er der Ansicht war, dass der Schreiber das mit Hilfe des Schreibwerkzeuges abzeichnet, was sich in seinem Geist bzw. inneren Auge als Bild formiert, deutet dies – ebenso wie seine Zeichnungen und Malereien – auf die reichhaltige Phantasie Leonardos hin.[170] Ebenso aber auch auf den Stellenwert, den er dem Sehen gibt, selbst vor dem Hintergrund des Geschriebenen.

---

[163] vgl. diese Ansicht bei: Heydenreich, Ludwig Heinrich. *Leonardo.* Berlin: Rembrandt-Verlag, o.J., S.178, Z.24ff

[164] durchaus ausführlich zu diesem Thema bei: Heydenreich, Ludwig Heinrich. *Leonardo.* Berlin: Rembrandt-Verlag, o.J., S.178f

[165] vgl. Zöllner/ Nathan. Leonardo, a.a.O., S.401, 2./3.Spalte, Z46f

[166] vgl. Zöllner/ Nathan. Leonardo, a.a.O., S.401, 3.Spalte, Z.1ff

[167] zu dieser Art des Verständnisses für Leonardo als jemand, der diesen inneren Dialog führt, siehe bei: Leonardo da Vinci. *Master draftsman.* Edited by Carmen C. Bambach. Ausstellungskatalog: The Metropolitan Museum of Art, New York. New Haven/London: Yale University Press, 2003, S.59, Z.4ff

[168] vgl. diese Ansicht bei: Leonardo da Vinci. *Master draftsman.* a.a.O., 2003, S.59, Z.6

[169] vgl. bei: Leonardo da Vinci. *Master draftsman,* a.a.O.,2003,S.60, Z.1ff

[170] vgl. zu dieser Ansicht Leonardos, dass der Schreiber das *designed*, was sich geistig abspielt, bei: Leonardo da Vinci. *Master draftsman.* a.a.O., 2003, S.61, Z.13f

Daher kann man sagen, dass Leonardos Wissenschaft „eine Wissenschaft des visuellen Verständnisses [ist und dass...] ihr Forschungsinstrument [...] die bildliche Erfassung eines Sachverhaltes" darstellt[171].

Kennzeichen von Leonardos Ambitionen einer wissenschaftlichen Malerei ist es nicht, „die Darstellung des Menschen in einem Gemälde auf eine wissenschaftliche Grundlage zu stellen"[172]. Er war sich bewusst, „dass seine tief greifenden Erkenntnisse nicht nur das Wissen der Künstler, sondern vor allem auch die Kenntnisse der Fachleute der Anatomie bei weitem übertrafen"[173]. Dies zeigt sich daran, dass erst mit der Veröffentlichung des Hauptwerkes von *Vesalius* (1514/15 bis 1564) *De humani corporis fabrica* (erschienen 1543) das anatomische Fachwissen der Renaissance einen etwa gleichwertigen Stand gegenüber den Reife- und Spätphasen von Leonardos Studien aufwiesen[174]. Interessanterweise bilden Illustrationen einen „wesentlichen Bestandteil von *Vesalius'* Werk"[175].

Gleichzeitig aber soll die Wichtigkeit des gesprochenen Wortes bei Leonardo unterstrichen werden, das für Leonardo die natürlichste Art darstellt, um Sprache zu vermitteln[176] - mit dem Kennzeichen einer gesprochenen Literatur, die Wiederholungen, Verdichtungen, Überflüssiges, Direktheit an den Adressaten, eine gewisse Penetranz oder auch das Bemühen, den Adressaten auf einer Gefühlsebene anzusprechen, in sich trägt.[177] Unter anderem diese Kombination aus der Art, so zu schreiben wie man sprechen würde, dem Aufzeichnen mit

---

[171] vgl. .Zöllner/ Nathan. Leonardo, a.a.O., S.401, 3.Spalte, Z.3ff
[172] Zöllner/ Nathan. Leonardo, a.a.O., S.401, 3.Spalte, Z.8f
[173] Zöllner/ Nathan. Leonardo, a.a.O., S.401, 3.Spalte, Z.12ff
[174] vgl. . Zöllner/ Nathan. Leonardo, a.a.O., S.401, 3.Spalte, Z.16ff
[175] Zöllner/ Nathan. Leonardo, a.a.O., S.401, 3.Spalte, Z.22f
[176] vgl. bei: Leonardo da Vinci. *Master draftsman.* a.a.O., 2003, S.60f, Z.34ff
[177] vgl. Diese Aufzählung teilweise bei: Leonardo da Vinci. *Master dradtsman.* a.a.O., 2003, S.61, Z.16ff

Hilfe des Schreibwerkzeuges von dem, was geistig als Gedanke erscheint, und die Fähigkeit, das Visuelle in den Vordergrund zu stellen, geben Leonardos Texten auf der einen Seite zwar eine bruchstückhafte Komponente, aber auch eine Lebendigkeit, eine Reichhaltigkeit des Ausdrucks und eine plastische Wirkung, die auch mit kürzesten Texten den zu übermittelnden Inhalt verständlich und bildhaft nachvollziehbar macht.[178]

Dabei sollte aber angemerkt sein, dass man heutzutage davon ausgeht, dass Leonardo seine Schriften normalerweise nicht im Hinblick auf eine Veröffentlichung anlegte (wobei es hier ja Ausnahmen gegeben hatte, wie seine Programme verdeutlichen).[179]

[178] mehr zu diesem bei Leonardo spannenden Thema, bei: Leonardo da Vinci. *Master draftsman.* a.a.O., 2003, S.60ff

[179] vgl. bei Ludwig Heinrich. *Leonardo.* Berlin: Rembrandt-Verlag, o.J., S.180, Z.11ff

4. Übersetzungsprobleme der einzelnen Programme

Die hier verwendete Übersetzung der drei Textstellen auf *81verso*, *113recto* sowie *154recto* erscheint sehr gut, es gibt jedoch einige wenige Anmerkungen, die diesbezüglich erwähnenswert sind. Gerade kleinere Feinheiten können das Verständnis für einen solchen, teilweise ja rudimentär verfassten Text – es wurden Themen im Abstand von Wochen und Monaten, gelegentlich auch nach Jahrzehnten wieder aufgegriffen[180] - verstärken oder aber abschwächen. Nachfolgend werden die Vorschläge für Änderungen in der Übersetzung aufgezeigt und kurz in ihrer nun anderen Wirkung erläutert, sollten diese nicht ersichtlich sein.[181]

Der Text auf 81verso

Innerhalb des Textes, der auf *81verso* zu sehen ist und in den Bereich der ersten Phase mit der Beschäftigung der Anatomie bei Leonardo zusammenhängt, wird als Überschrift „Über die Ordnung des Buches“ angegeben. Hier jedoch wäre auch eine Übersetzung „Über die Gliederung“ oder „Struktur des Buches“ denkbar: Ordnung weist der Thematik nur ein noch ungesondertes Feld zu und lässt breiten Spielraum. Gliederung strukturiert formal diese Thematik in einzelne inhaltliche Komponenten. Hierfür ist aber die Kenntnis des zu bearbeitenden thematischen Feldes notwendig und grob abgeschlossen. Strukturgebung geht noch einen Schritt weiter und gibt inhaltliche Fäden innerhalb der Thematik vor, führt also präzise einen Gedankengang durch. Bei Leonardo dominieren spontane Einfälle und flüchtige Skizzen in den Anmerkungen zu seinen anatomischen Studien – aber auch wenn seine Ausführungen knapp, unvollständig und angedeutet erscheinen, so besitzen sie doch eine innere Stringenz und Logik, die bereits strukturgebenden Charakter andeutet.

---

[180] vgl. Baur, Otto.(Hrsg.). *Leonardo,* Hansen, 1984, S.24, Z.15ff

[181] ich danke Herrn Univ.-Prof. Dr. Alessandro Nova, Johann-Wolfgang-Goethe-Universität Frankfurt/Main, für seine hilfreichen Hinweise

Ferner ist in der hier zitierten deutschen Übersetzung das italienische „putto“ im Abschnitt, der mit „(I)“ gekennzeichnet ist, mit „der Fetus“ übersetzt - in diesem Falle aber bedeutet putto „das ungeborene Kind“: Ersteres ist eine biologische Beschreibung, „das ungeborene Kind“ eine inhaltlich bereits vorgegebene Ansicht, dass es sich ethisch um einen Menschen handelt.

Des Weiteren müsste die Übersetzung im gleichen Abschnitt nicht „am Ende des Buches“ lauten, sondern „im letzten Buch dieses Werkes“.

Im selben Abschnitt müsste es unter einer Art Überschrift mit dem Titel „Effekte“ folgendermaßen lauten: „Dann Perspektive durch die Funktion und Effekte des Auges, und das Hören; Du wirst von Musik sprechen; …“. Unter einer Art Überschrift mit dem Titel „Sinne“ im gleichen Abschnitt „(I)“ sollte es „Dann beschreibe die Natur der anderen Sinne“ und nicht „der fünf Sinne“ heißen.

Innerhalb des Textes auf *81verso*, der unter dem Abschnitt „(II)“ zusammengefasst ist, wird der Terminus „Größe“ verwendet. Hier sollte „Größe“ durch „Stärke“ ersetzt werden[182].

Am Ende dieses Abschnitts sollte der unbestimmte Artikel bei „einer Frau“ durch einen bestimmten Artikel ausgetauscht werden („Und drei von *der* Frau“).

Der Text auf 113recto

Innerhalb des Textes, der auf *113recto* zu sehen ist und in den Bereich der zweiten Phase mit der Beschäftigung der Anatomie bei Leonardo fällt, sollte im ersten Satz die Übersetzung folgendermaßen lauten: "[A]lle Einzelheiten zu beobachten, die in diesen Zeichnungen gezeigt sind, in einem einzigen Körper, in dem…“.

[182] wobei in meiner vorliegenden Übersetzung dies bereits verarbeitet wurde, vgl. den Text dieser Arbeit im Kapitel „Kennzeichen der frühen Phase“

Der Text auf 154recto

Innerhalb des Textes, der auf *154recto* zu sehen ist und mit dem Bereich der dritten Phase der Beschäftigung der Anatomie bei Leonardo zusammenhängt, ist ebenfalls die Überschrift bei dem Abschnitt, der mit „(I)“ untergliedert ist, mit dem Begriff „Ordnung“ wie bereits in *81verso*, durch „Gliederung“ bzw. „Struktur“ besser übersetzbar.

In diesem Abschnitt („I“) ist von „Dieser mein Plan“ die Rede, es müsste jedoch „Diese meine Zeichnung“ heißen, was selbstverständlich einen anderen Charakter des Abschnitts andeutet. Im gleichen Abschnitt sollte es nicht „aus der Vermischung von Häuten“ heißen, sondern „Häute“ durch „Membranen“ übersetzt werden, in der Mitte des selben Abschnitts wiederum der unbestimmte durch den bestimmten Artikel ersetzt werden vor „Frau“ bei „(U)nd drei müssen von der Frau gemacht werden“, im gleichen Satz sollte es auch „Foetus“ lauten, nicht „Frucht“, und im darauf folgenden Satz „Zeichnung“, nicht „Plan“.

5. Schlussbemerkungen

Leonardos anatomische Zeichnungen bestanden „vor allem aus drei Arten: jenen, die er von seinen mittelalterlichen Vorgängern ableitete; Zeichnungen von ′beschreibender Anatomie′ auf Grund von ungehinderter Beobachtung; und Zeichnungen, die illustrieren, wie er seine eigenen physikalischen Gesetze auf den menschlichen Körper übertrug“.[183]

Beispiele hierfür[184] waren eben seine frühen anatomischen Zeichnungen aus der Zeit um 1489, die sich auf die mittelalterliche, sehr grobschlächtige Anatomie gründete, so die Zeichnung der Hirnkammern nach einem Modell aus der *Filosofia d′Alberto Magno* (einem mittelalterlichen Werk, von dem Leonardo eine Ausgabe besaß) oder auch aus Kethams *Fasciculus medicinae* (dem anderen mittelalterlichen Werk) entlieh er den Umriss der Menschenfigur. In diesen zeichnete er seine eigene Darstellung des „Baums der Gefäße“. Und dieses wiederum gründete auch auf Galens Konzept. Weitere Beispiele sind seine rein beschreibenden anatomischen Illustrationen, die sich auf seine eigenen Beobachtungen stützten und ihn in der Darstellung seiner Perspektive unterstützten: Hier vor allem die Schädel[185]: Zum ersten Mal ist hier die Oberkieferhöhle im Wangenknochen gezeigt. Diese Art der Darstellung, die auf direkter Sektion beruhte, war, wie an einer Stelle zuvor ja angemerkt wurde, „praktisch beispiellos“.

Die Folge der Übertragung seiner physikalischen Gesetze auf die menschliche Anatomie ermöglichte Leonardo einen „vollkommen einzigartigen Einblick in die mechanischen Prinzipien der Physiolo-

---

[183] zitiert nach: Leonardo da Vinci. *Anat....*Hamburger Kunsthalle 1979. a.a.O., S.18 Z.12ff

[184] alle entnommen aus: Leonardo da Vinci. *Anat....*Hamburger Kunsthalle 1979. a.a.O., S.18 Z.19ff

[185] auf Blatt K/P 42v bzw. RL 19058

gie".[186] Erst mit den erfolgreichen Bemühungen *Vesalius'* aber, durch sein Buch *De Humani Corporis Fabrica* unterstrichen (24 Jahre nach Leonardos Tod im Jahr 1543 veröffentlicht), gewann die Anatomie, wie Leonardo sie unterstützte, einen öffentlichen Erfolg.[187] Obwohl natürlich bereits vorher die besondere Darstellung – „und zwar in vorher nie gekannter Weise"[188] - der Abbildungen der Glieder, Venen, Nerven usw. natürlich bemerkt wurde.

Anhand *Vesalius'* Werk zeigt sich auch, dass Leonardos Methode der bildlichen Darstellung der anatomischen Lehre und Forschung bestätigt wurde. Daher kann man Leonardos Studien als „Zeugnis der Ambition [ansehen], die Zeichnung als Königsweg der Wissenschaft zu etablieren"[189]. Dass diese Ambition eben richtungsweisend war, kann man auch daran sehen, dass in den Medizinwissenschaften „der Stellenwert des Bildes [...] stetig gewachsen ist und weiterhin steigt"[190].

Gerade über sein erstes Forschungsprogramm, in dem er sein Verständnis über eine Wissenschaft „von den Wachstumsgesetzen des organischen Lebens als eine Lehre von den Lebensfunktionen" vorstellt und den Schritt, die Rolle der Geometrie, der Körperkraft und der Perspektive zur Darstellung dieses Verständnisses gezielt zu nutzen und einzusetzen bis hin zu einer schon sehr ausgereiften Form der anatomischen Illustration in seinem späten „Programm", in der dieses Verständnis und diese Rollen fundiert angewandt werden

---

[186] vgl. bei. Leonardo da Vinci. *Anat....*Hamburger Kunsthalle 1979. a.a.O., S.18 Z.33ff

[187] vgl. diese Ansichten bei: Leonardo da Vinci. *Anat....*Hamburger Kunsthalle 1979. a.a.O., S.18f Z.38ff

[188] dieser Ausspruch zitiert nach: Arasse, D. Leonardo, Dumont, 2002, S.278, Z.6

[189] Zöllner/ Nathan. Leonardo, a.a.O., S.401, 3.Spalte, Z.28f

[190] Zöllner/ Nathan. Leonardo, a.a.O., S..401, 3.Spalte, Z.35f

können, erscheint das Vorhaben, einen solchen Königsweg zu beschreiten, nicht mehr allzu kühn.

Erwähnenswert scheint auch noch, dass Leonardo – und hier zeigt sich ebenfalls sein Genie und sein Talent – für anatomische Probleme einige originelle Lösungen fand: So beispielsweise, als er „die Tätigkeit von Gelenken als Drehpunkte für die Bewegungen der Knochen erklären" wollte und einfach kurzerhand „ihre Flächen"[191] trennte. Dem Problem, die Beziehungen von Muskeln auf verschiedenen Ebenen darstellen zu können, stellte er sich folgendermaßen: *„Bevor du die Muskeln bildest, mach an ihrer Stelle Fäden, die die Lage der Muskeln darstellen sollten; die Enden dieser (Fäden) sollten in der Mitte der Ansätze der Muskeln an den Knochen auslaufen".*[192] Durch diese Technik führte Leonardo Knochen und Gelenke auf Hebeln zurück, „die auf Drehpunkte wirken (würden), und Muskeln auf Kraftlinien, die auf diese Hebel" wirkten.[193]

Das Problem der Darstellung von Hirnkammern löste er durch Wachsabgüsse, die er mit Hilfe von Injektionen anfertigte, wobei er das Hirngewebe folgend ablöste.[194] Die Bewegung des Blutes beim Ausströmen aus der Aortenklappe des Herzens vollzog er durch das Anfertigen eines Glasabgusses des Organs.[195]

Die Abbildungen 5 und 16 zeigen ja beispielhaft seine Entwicklung hin zu mehr Wissenschaft und der von ihm angewandten anatomischen Illustration, die mit den Jahren immer deutlich wird:

---

[191] vgl. beide verwendeten Zitate bei: Leonardo da Vinci. *Anat....* Hamburger Kunsthalle 1979. a.a.O., S.17 Z.34ff

[192] zitiert bei. Leonardo da Vinci. *Anat....* Hamburger Kunsthalle 1979. a.a.O., S.18 Z.1ff

[193] vgl. Leonardo. *Anat....* Hamb. Kunsthalle 1979, a.a.O.,S.18 Z.5f

[194] vgl. bei. Leonardo. *Anat...* Hamb. Kunst. 1979,a.a.O.,S.18 Z.7ff

[195] vgl. Leonardo d. Vinci. *Anat....* Hamb. Kunsthalle 1979,a.a.O.,S.18,Z.9ff

Die erste aus der frühen Phase, die zweite aus einer späteren lassen den ungewöhnlichen Fortschritt erkennen, den Leonardo aufweist. Dies geschieht vor allem durch Wissen, welches ihm durch Sektionen ermöglicht wurde, mit denen er sich seit Mitte der neunziger Jahre des 15.Jahrunderts intensiv beschäftigte. Leonardo konnte dadurch seiner „Vision des menschlichen Körpers als einer Maschine“[196] beleben und intensivieren. Erkennbar erscheint seine Ansicht über die Anatomie, die er nicht nur als eine „beschreibende“ Wissenschaft empfand, sondern es wird deutlich, dass er die Anatomie „als eine der Natur entsprechende Darstellung von Körperteilen“ aufgefasst hat, die er so gezeichnet hat, „dass ihre Funktionen – insbesondere auch die Bewegungen der Gliedmaßen – ebenso bildhaft erscheinen wie ihre Formen im Ruhestand“.[197]

Letztlich beschrieb Leonardo seine ersichtliche Begabung für die Anatomie in dem zweiten hier vorgestellten Text aus der mittleren Phase zu seinen anatomischen Studien (K/P 113 r, RL 19070v), wenn auch leicht kokett formuliert[198]:

Dass Leonardo sich dann doch ein wenig sicher war, dass man ein wohlmeinendes Urteil über seine in diesem Bereich herausragende Tätigkeit wird abliefern können, erscheint letztlich – trotz des von ihm lcicht kokctt angcführtcn Zcitproblcms – gcsichcrt. Lconardo steht auch für eine Vorstellung von Naturwissenschaften und Kunst, die keine künstliche, heutzutage vorherrschende Trennung der Bereiche zwischen Natur- und Geisteswissenschaften kennt[199] und deren verbindende Schönheit gerade auch in seinen anatomischen Arbeiten

---

[196] Leonardo da Vinci. *Anat....*Hamburger Kunsthalle 1979. Gütersloh: Prisma Verlag, 1979, S.11, Z.19

[197] die verwendeten Zitate bei: Baur, Otto; Bott, Barbara; u.a. (Hrsg.). *Leonardo da Vinci. Anatomie...,* a.a.O., S.18, Z.11ff

[198] zitiert bei: Leonardo da Vinci. *Anat....*Hamburger Kunsthalle 1979. a.a.O., S.19 Z.6ff

[199] vgl. hierzu: Esche, S. Leonardo, a.a.O., S.17f, Z.2ff

so plastisch zum Tragen kommt[200]. Ein Kunstgeschichtler, der sich intensiv mit Leonardo beschäftigte, schrieb einmal, dass es in der Geschichte der Menschheit zuweilen zu erstaunlichen Gleichheiten kommen würde: Habe Kolumbus die Neue Welt jenseits des Atlantik erforscht, so sei es Leonardo gewesen, dem die Aufgabe zukam, die neue Welt „im Inneren unserer Körper zu erkennen“.[201] Wahrlich ein erstaunliches Zusammentreffen.

[200] vgl. bei. Baur, Otto; Bott, Barbara; u.a. (Hrsg.). *Leonardo da Vinci. Anatomie…,* a.a.O., S.18, Z.18ff

[201] Baur, Otto; Bott, Barbara; u.a. (Hrsg.). *Leonardo da Vinci. Anatomie…,* a.a.O., S.18, Z.3ff

6. Abbildungsverzeichnis

Die im Text genannten und beschriebenen Abbildungen sind in sehr schöner Form in Leonardo da Vinci. *Anatomische Zeichnungen aus der königlichen Bibliothek auf Schloss Windsor*. Ausstellungskatalog: Hamburger Kunsthalle 1979. Gütersloh: Prisma Verlag, 1979, in hervorragender Qualität zu betrachten. Die Darstellung des *Hl. Hieronymus* findet sich beispielsweise bei Frank Zöllner / Johannes Nathan. Leonardo da Vinci. Sämtliche Gemälde und Zeichnungen. Köln: Taschen, 2003.

Die Schutzdauer für die in diesem Studientext gezeigten Werke sind nach den Maßstäben des deutschen, des österreichischen und des schweizerischen Urheberrechts abgelaufen. Sie sind daher gemeinfrei. Liegt eine triviale Wiedergabe vor, so erreicht diese weder die für einen urheberrechtlichen Schutz als Lichtbildwerk nötige Schöpfungshöhe, noch weist sie ein „Mindestmaß an persönlicher Leistung" (vgl. BGH GRUR 90, 669 - Bibelreproduktion) auf, um in Deutschland Leistungsschutz als Lichtbild genießen zu können.

Illustrative Bilder wurden aus *Wikimedia Commons* entnommen.

Abb.1: Bildnis *Giorgio Vasari* (Pier Antonio Pazzi 1752)
Abb.2: Titelblatt Lehrbuch *Fasciculo de Medicina* von Johannes de Kentham
Abb.3: Gemälde *Hl. Hieronymus, Leonardo*
Abb.4: Anatomische Figur, K/P 36r, RL 12597r; Feder und braune Tusche mit farbigen Lavierungen über schwarzer Kreide; 280x198mm
Abb.5: Das injizierte Gehirn, um die Form der Gehirnkammern zu zeigen, K/P 104r. RL 19127r; Feder und braune Tusche mit schwarzer Kreide, 200x262mm
Abb.6: Zwei Ansichten des sezierten Schädels, K/P 43v, RL 19057v, Feder und braune Tusche über schwarzer Kreide

Abb.7: Zwei Ansichten des Schädels, K/P 43r, RL 19057r, Feder und braune Tusche mit roter Kreide, 203x152mm
Abb.8: Innensicht des Schädels, RL 19058r, Feder und braune Tusche über schwachen Spuren von Kohle, geschabt, 19x13,3cm
Abb.9: 81v K/P, RL19037v, Feder und braune Tusche über Spuren schwarzer Kreide
Abb.10: Bewegungen von Mund und Lippen, K/P 52v, RL 19055v; Feder und braune Tusche und schwarze Kreide
Abb.11: Magen und Eingeweide, K/P 73v, RL 19031v, Feder und braune Tusche über Spuren schwarzer Kreide
Abb.12: Magen und Eingeweide und Physiologie der Niere und Blase, K/P 73r, RL 19031r; Feder und braune Tusche über schwarzer Kreide
Abb.13: Sektion der Hand, K/P 53r, RL 19054r; Feder und braune Tusche über schwarzer Kreide
Abb.14: K/P 113 r, RL 19070v, Feder und braune Tusche, 320x221mm
Abb.15: Sektion der Hauptorgane und des Arteriensystems der Frau, K/P 122r, RL 12281, 478x333mm; Feder und braune Tusche über schwarzer Kreide auf farbig getöntem Papier
Feder und braune Tusche über schwarzer Kreide
Abb.16: K/P 154r, RL19061r, Feder und braune Tusche, 282x213mm
Abb.17: Versch. Anatomische Studien; Feder und braune Tusche, K/P 197r, RL 19191v
Abb.18: Kalbsfetus im Uterus, K/P 52r, RL 19055r, 192x142mm; Feder und braune Tusche über Spuren schwarzer Kreide
Abb.19: Das Herz und die Lunge, Feder und braune Tusche auf blauem Papier; K/P 162r; RL 19071r, 287x203mm
Abb.20: Oberflächenvenen des Herzens; K/P 166v, RL 19073-74v; Feder und braune Tusche auf blauem Papier, 291x414mm
Abb.21: Der Fetus im Uterus; Feder und braune Tusche; K/P 198r, RL 19101r; 305x220 mm; braun laviert, über Spuren von roter und schwarzer Kreide (nicht im Text vorhanden)

Abb.22: Die äußeren weiblichen Genitalien und fünf Ansichten des Fetus im Schoß; 303x220 mm; K/P 197v; RL 19101r; Feder und braune Tusche mit roter und schwarzer Kreide

7. Literaturverzeichnis

Der Autor erliegt nicht der allgemein vorherrschenden pseudophilosophischen Arbeitsweise, wahllos Literatur seitenweise aufzuführen, die nur spärlich oder gar nicht für den Text verwendet wurde. Es versteht sich von selbst, dass - im Sinne einer Klarheit hinsichtlich der Arbeitsweise - Literatur, die zum Verständnis benötigt wurde, aber nicht explizit zitiert wird, nur sehr sorgfältig aufgeführt werden sollte.

a) Primärliteratur

Nach der Nummerierung im Atlas der Anatomischen Studien von Keele und Pedretti (K/P): Diese neue Ausgabe ersetzt die drei getrennten Ausgaben, die um die Jahrhundertwende erschienen sind und alle Forschungen über Leonardos anatomische Studien zusammenfassen:

Kenneth Keele und Carlo Pedretti: Leonardo da Vinci. *Atlas der Anatomischen Studien in der Sammlung Ihrer Majestät Elizabeth II. in Windsor Castle* (London und Gütersloh, 1978-80). Aus diesem Band wurde auch die Übersetzung der *Faksimile* entnommen.

Wenn eine zusätzliche Nummerierung angegeben ist mit dem Kürzel „**R/L**“, so bezieht sich diese auf die Inventarnummern der Royal Library, Windsor Castle, die registriert und kommentiert sind im Katalog von:

Kenneth Clark und Carlo Pedretti: *The Drawings of Leonardo da Vinci in the Collection of Her Majesty The Queen at Windsor Castle* (2. Aufl., 3 Bde., London 1968-69)

b) Sekundärliteratur

aa) Monographien

Arasse, Daniel. *Leonardo da Vinci.* Köln: Dumont, 2002.

Baur, Otto; Bott, Barbara; u.a. (Hrsg.). *Leonardo da Vinci. Anatomie, Physiognomik, Proportion und Bewegung.* Band I. Kölner medizinhistorische Beiträge, herausgegeben von Prof. Dr. med. Dr. phil. Marielene Putscher. Arbeiten der Forschungsstelle des Instituts für Geschichte der Medizin der Universität Köln, Band 23/1. Köln: F.Hansen, 1984

Clark, Kenneth. *Leonardo da Vinci. An account of his development as an artist.* Cambridge: University press, 1952

Clark, Kenneth. *The drawings of Leonardo da Vinci. In the collection of Her Majesty the Queen at Windsor Castle.* Second edition revised with the assistance of Carlo Pedretti. Phaidon, o.J. bzw. Clark, Kenneth. *A catalogue of the drawings of Leonardo da Vinci. In the collection of His Majesty the King at Windsor Castle.* Cambridge: University Press, 1935

Clayton, Martin; Philo, Ron. *Leonardo da Vinci. The anatomy of man.* Houston (Texas): Houston Museum of fine Arts, 1992

Eissler, Kurt R..*Leonardo da Vinci. Psychoanalytische Notizen zu einem Rätsel.* München: DTV, 1994

Esche, Sigrid. *Leonardo da Vinci. Das anatomische Werk.* Mit kritischem Katalog und Hundertfünfundsiebzig Abbildungen. Basel: Holbein-Verlag, MCMLIV

Gutbertlet, Marie-Helene. *Der Blick auf den Körper. Leonardos anatomische Zeichnungen.* Magisterarbeit, Frankfurt, 1997

Heydenreich, Ludwig Heinrich. *Leonardo da Vinci.* Basel: Holbein-Verlag

Heydenreich, Ludwig Heinrich. *Leonardo.* Berlin: Rembrandt-Verlag, o.J.

Keele, Kenneth D. *Leonardo da Vinci's elements of the science of man.* New York/ London: Academic Press, 1983

Ost, HanS.*Leonardo-Studien.* Beiträge zur Kunstgeschichte, Band 11. Hg. Günter Bandmann, Erich Hubala und Schöne, Wolfgang. Berlin/New York: Walter de Gruyter, 1975

Schneider, Marianne. *Leonardo da Vinci. Eine Biographie in Zeugnissen, Selbstzeugnissen, Dokumenten und Bildern.* München: Schirmer/Mosel, 2002

Zöllner, Frank. *Leonardo da Vinci.* 1452-1519. Köln: Taschen, 1999

Frank Zöllner / Johannes Nathan. *Leonardo da Vinci.* Sämtliche Gemälde und Zeichnungen. Köln: Taschen, 2003.

Zwijnenberg, Robert. *The writings and drawings of Leonardo da Vinci. Order and Chaos in early modern thought.* Cambridge: University Press, 1999.

bb) Kataloge

Leonardo da Vinci. *Anatomische Zeichnungen aus der königlichen Bibliothek auf Schloss* Windsor. Ausstellungskatalog: Hamburger Kunsthalle 1979. Gütersloh: Prisma Verlag, 1979

Leonardo da Vinci. *Master draftsman.* Edited by Carmen C. Bambach. Ausstellungskatalog: The Metropolitan Museum of Art, New York. New Haven/London: Yale University Press, 2003

cc) Internetrecherche

Natürlich kann es im Internet jederzeit zu Verschiebungen von Domains usw. kommen mit der Folge, dass die hier aufgeführten Quellen unter der angegebenen Adresse nicht mehr auffindbar sind. Allerdings stünde einer Verwendung solcher Internetquellen ein Ausschluß moderner Medien gegenüber, was der Integration des Internet bei der Recherche für wissenschaftliche Arbeiten abträglich wäre. Wichtig hierbei ist daher die Nennung der Quelle der Internetadresse, über die ggf. die Quellen erfragbar sind.

Zitate aus:

The People – Lexicon – dem Nachschlagewerk für Biographien bedeutender Persönlichkeiten, unter:
http://www.rasscass.com/templ/te_bio.php?PID=481&RID=1
http://www.rasscass.com/templ/home.php

WeltChronik.de: 2000 Jahre Chronik – Geschichte online
www.weltchronik.de
http://www.weltchronik.de/bio/cethegus/l/leonardo.html (über Leonardo)
http://www.weltchronik.de/bio/cethegus/v/verocchio.html (über Verrocchio)

Archivform:
http://www.archinform.dc/arch/348.htm?ID=a66c9ca7a2390f0a6de45184a9b1646b (Alberti)

ee) *Sonstiges*

Unterstützende Hilfe bei den Übersetzungen durch Univ.-Prof. Dr. Alessandro Nova, Institut für Kunstgeschichte der Johann-Wolfgang Goethe-Universität Frankfurt am Main